LE PEINTRE GRAVEUR.

PAR

A·DAM BARTSCH.

·ONZIÈME VOLUME.

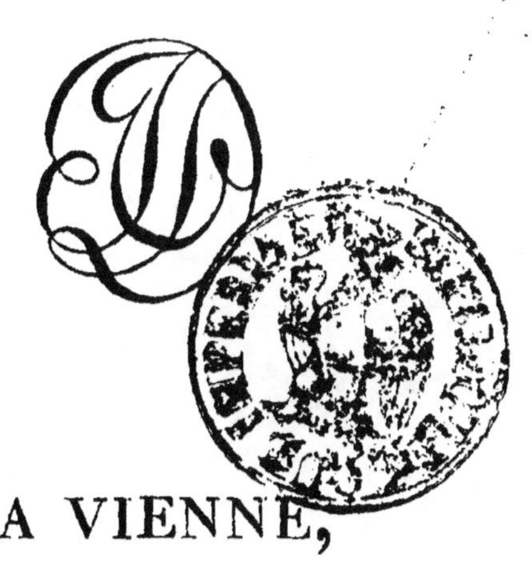

A VIENNE,

DE L'IMPRIMERIE DE J. V. DEGEN.

LIBRAIRE, PLACE ST. MICHEL.

1808.

LES
VIEUX
MAITRES
ALLEMANDS.

SIXIÈME PARTIE,

CONTENANT LA TABLE GÉNÉRALE.

Nous étant écarté du plan adopté dans les cinq premiers volumes, d'ajouter une table particulière au catalogue des ouvrages de chaque maître, nous avons cru mieux servir les amateurs, en leur remettant, quant aux vieux maîtres allemands, une table générale du contenu de tous les quatre volumes de leurs oeuvres. Cette table offre les monogrammes des artistes dont nous avons donné les catalogues, dans le même ordre numérique et alphabétique qu'ils se trouvent gravés sur les trente trois planches du dixième volume, et on y a inséré de plus les noms de ces artistes qui sont connus. A la suite du monogramme de chaque maître nous avons placé l'indication des pièces qui forment son oeuvre.

Cette table générale, en facilitant aux amateurs leurs recherches, et en offrant un apperçu prompt du nombre et du genre des pièces de chaque maître, peut devenir en même temps très utile, et même en quelque sorte précieuse, aux marchands d'estampes dans leurs voyages en ce qu'elle pourra leur tenir lieu en partie de l'ouvrage même qu'ils pourroient avoir besoin de consulter, mais que le nombre de volumes dont il est composé, les empêcheroit de porter avec eux.

A.

1. **A** . . . . IX. p. 549
   1. S. Simon. 1579.   —   549

2. **A** . . . . VII.   473

             Gravure en bois.

   1. La conversion de S. Paul. . . .   —   473

3. Ce numéro offre dans les planches
des monogrammes un chiffre men-
tionné. . . . . IX.   533

4. **A** . . . . VIII.   540
   1. La nourrice. . . . .   —   540

5. Ce numéro offre dans les planches
des monogrammes un des chiffres
d'*Alart du Hameel.* Nr. 111 des monogrammes.

6. **A**   Albert Altdorfer.   VIII.   41

       Pièces gravées en cuivre.

   1. Judith. . . . . —   42
   2. Samson. . . . . —   42
   3. Dalila. . . . . —   43

4. Salomon idolâtre.   VIII.   p. 43

5. Repos en Egypte.   —   43

6. Jésus Christ chassant les vendeurs hors du temple.   —   43

7. Crucifix.   —   44

8. Crucifix.   —   44

9. Jésus Christ et la Vierge. 1519.   —   45

10. Le jeune Sauveur.   —   45

11. La Vierge.   —   45

12. La Vierge.   —   46

13. La Vierge.   —   46

14. La Vierge et S. Anne.   —   46

15. La Vierge. 1507.   —   47

16. La Vierge. 1509.   —   47

17. La Vierge.   —   47

18. La décollation de S. Jean Baptiste. 1517.   —   48

19. S. Christophe.   —   48

20. S. George.   —   48

21. S. Jerôme.   —   49

22. S. Jerôme.   —   49

23. S. Sebastien.   —   49

24. La religieuse.   —   49

25. Deux anachorètes tentés par le démon. 1506.   —   50

26. Hercule déchirant le lion.   —   51

27. Hercule portant les deux colonnes.   —   51

28. Hercule et une muse.   —   51

29. Mercure.   —   52

30. Neptune.   —   52

31. Neptune.   —   52

32. Vénus et deux Amours.   —   52

33. Vénus entrant au bain.   —   53

34. Vénus sortant du bain.   —   53

35. Vénus couchée.   VIII. p. 53
36. Le jugement de Paris.   —   54
37. Le Centaure.   —   54
38. Deux Satyres se battant pour une Nymphe.   —   54
39. Le Triton et la Néréide   —   55
40. Mutius Scevola.   —   55
41. Lucrèce.   —   56
42. Didon.   —   56
43. La fable de la marguerite poétique.   —   56
44. Pyrame et Thisbé.   —   57
45. Génie tenant une vessie enflée.   —   57
46. Génie monté sur un cheval de bois.   —   57
47. Enfant monté sur un cheval de bois   —   58
48. Les enfans et le char.   —   58
49. Le soldat.   —   58
50. L'homme armé de toutes pièces.   —   59
51. Le tambour. 1510.   —   59
52. Le petit porte-enseigne.   —   59
53. Le grand porte-enseigne. 1500.   —   60
54. Le joueur du violon.   —   60
55. L'homme réfléchissant.   —   60
56. Femme au bain.   —   61
57. Femme assise sur une cuirasse.   —   61
58. Femme ailée.   —   61
59. La fortune. 1511.   —   62
60. L'orgueil.   —   62
61. Portrait de Martin Luther.   —   63
62. Tête d'homme. 1507.   —   63
63. La sinagogue de Ratisbonne.   —   63
64. Le portique de cette sinagogue. 1519.   —   64
65. Dessein de feuillages   —   64

66. Paysage. . . . . VIII. p. 64

67. Paysage. . . . . — 65

68. Paysage. . . . . — 65

69. Paysage. . . . . — 66

70. Paysage. . . . . — 66

71. Paysage. . . . — 67

72. Paysage. . . . . — 67

73. Paysage. . . . — 68

74. Paysage. . . . . — 68

75-96. Différens desseins de gobelets, aiguières et vases. Suite de vingt deux planches. . . . . — 69

75) Un vase. . . . . — 69

76) Un vase. . . . . — 70

77) Une aiguière avec une Sirène. — 70

78) Un vase avec trois enfans ailés. — 70

79) Un vase. . . . — 70

80) Gobelet dans une niche. — 70

81) Gobelet orné de conques. . — 70

82) Gobelet avec trois crevasses au milieu de la tige. . . . — 71

83) Gobelet à l'homme armé de toutes pièces. . . . — 71

84) Gobelet aux trois grenades. — 71

85) Gobelet. . . . . — 71

86) Gobelet. . . . . — 71

87) Gobelet au jeune Hercule. . — 71

88) Gobelet. . . . . — 71

89) Aiguière au dragon. . . — 71

90) Gobelet. . . . . — 72

91) Gobelet. . . . . — 72

92) Gobelet. . . . . — 72

93) Gobelet aux trois têtes de chérubins. . . . . — 72

94) Gobelet.   VIII. p. 72
95) Deux Gobelets.   —   72
96) Trois Gobelets.   —   73

Gravures en bois.

1-40. L'histoire de la chute de l'hom-
    me et de sa redemption. Suite de
    quarante pièces.   —   73
  1) Adam et Eve mangeant du fruit
      défendu.   —   73
  2) Adam et Eve chassés du paradis. — 73
  3) Le grand-prêtre refuse l'offran-
      de de Joachim.   —   73
  4) Un ange apparoît à Joachim.   —   73
  5) Joachim embrassant S. Anne.   —   73
  6) La S. Vierge présentée au temple. — 74
  7) L'annonciation.   —   74
  8) La visitation d'Elisabeth.   —   74
  9) La nativité de notre Seigneur. — 74
  10) L'adoration des Mages.   —   74
  11) La circoncision.   —   74
  12) La présentation au temple.   —   74
  13) La fuite en Egypte.   —   74
  14) L'enfant Jésus parmi les doc-
      teurs de la loi.   —   74
  15) La transfiguration.   —   74
  16) Jésus Christ se séparant de sa
      sainte mère.   —   74
  17) Son entrée à Jérusalem.   —   74
  18) La cène.   —   74
  19) Jésus Christ au jardin des olives. — 74
  20) Prise au jardin.   —   74
  21) Jésus C. amené devant Caïphe. — 74
  22) Jésus Christ devant Pilate. —   74

12   TABLE GÉNÉRALE.

23) La flagellation.   .   .   .   VIII. p. 74
24) Le couronnement d'épines.   .   —   74
25) L'ecce-homo.   .   .   .   —   74
26) Jésus Christ livré aux juifs.   .   —   74
27) Portement de croix.   .   .   —   74
28) Jésus Christ attaché à la croix.   —   74
29) L'élévation de la croix.   .   —   74
30) Jésus C. expirant sur la croix.   —   74
31) La descente de croix.   .   .   —   74
32) La Vierge pleurant sur le corps
     de Jésus Christ.   .   .   .   —   75
33) La sépulture.   .   .   .   —   75
34) La descente aux limbes.   .   —   75
35) La résurrection.   .   .   —   75
36) Jésus Christ apparoissant à
     Madelaine.   .   .   .   .   —   75
37) L'ascension.   .   .   .   .   —   75
38) Le trépas de la Vierge.   .   —   75
39) Le dernier jugement.   .   .   —   75
40) La Vierge couronnée.   .   .   —   75
41. Le sacrifice d'Abraham.   .   .   —   76
42. Josué et Kaleb.   .   .   .   —   76
43. Jahel et Sisara.   .   .   .   —   76
44. L'annonciation. 1513.   .   .   —   76
45. L'adoration des bergers.   .   .   —   77
46. La massacre des innocens. 1511.   —   77
47. La résurrection. 1512.   .   .   —   77
48. La Vierge debout dans une église.   —   77
49. Un religieux à genoux devant la
     Vierge.   .   .   .   .   .   —   77
50. La Vierge sur un autel.   .   .   —   78
51. La belle Vierge de Ratisbonne.   .   —   78
52. La décollation de S. Jean Bap-
     tiste. 1512.   .   .   .   .   —   78

53. S. Christophe. 1513. . . . VIII. p. 79
54. S. Christophe. . . . — 79
55. S. George à cheval. 1511. . . — 79
56. S. George debout. . . . — 79
57. S. Jerôme. . . . . — 79
58. S. Jerôme. . . — 80
59. Un baptistère. . . . — 80
60. Le jugement de Paris. 1511. . — 80
61. Thisbé et Pyrame. . . — 81
62. Un porte-enseigne. . . — 81
63. Un jeune homme assis près d'une
jeune femme. 1511. . . — 81

7. [monogramme] . . . IX. 529
1. Les trois paysans. 1567. — 529

8. [monogramme] . . IX. 117

Sujets de la bible.

1. La création d'Eve. . . — 117
2. Adam et Eve. . . — 118
3. Amnon et Thamar. . . — 118
4. Loth et ses filles. . . — 119
5. Loth avec ses filles, d'après *Lucas
de Leyde.* . . . — 119
6. Joseph et la femme de Putiphar. — 119
7. David et Goliath. . . — 120
8. David vainqueur de Goliath. . — 120
9. Bethsabée. . . . — 121
10. L'annonciation. . . — 121
11. Crucifix. . . . — 122

14   TABLE GÉNÉRALE.

12. La baptême de l'Eunuque. 1524.   IX. p. 122
13. La S. Vierge et S. Anne.   —   123

Saints et Saintes.

14. S. Christophe.   —   123
15. S. Christophe ; d'après *Lucas de Leyde*.   —   124
16. S. George.   —   124
17. S. Jerôme.   —   125
18. S. Pierre.   —   125
19. La décollation de S. Paul.   —   126
20. S. Barbe à mi-corps.   —   126
21. S. Barbe debout.   —   126
22. S. Barbe sur un dessein de gaine.   —   127
23. S. Madelaine.   —   127
24. S. Marguerite.   —   127

Sujets profanes.

25. Le jugement de Paris.   —   128
26. Hercule et Déjanire.   —   128
27. Mars, Vénus et l'Amour.   —   129
28. Vénus.   —   129
29. Le Satyre et la femme.   —   130
30. Gattamelata.   —   130
31. La justice.   —   131
32. Femme ailée.   —   131
33. Pièce allégorique.   —   132
34. La femme nue et le dragon.   —   132
35. Le hallebardier querelleur.   —   133
36. Le cavalier et le fantassin.   —   134
37. Le soldat et sa famille.   —   134
38. Les deux brigands.   —   134
39. Le soldat succombant sous la mort.   —   135
40. Le porte-enseigne.   —   135

41. Les deux hommes et la femme endormis. 1554.   IX. p. 136

Vignettes et montans d'ornemens.

42. La vignette à la Sirène.   — 136
43. La vignette au vase.   — 136
44. La vignette aux deux Tritons.   — 137
45. La vignette au Triton.   — 137
46. La vignette au Satyre et à la femme.   — 138
47. La vignette à la mère de deux enfans.   — 138
48. La vignette au Satyre entre deux femmes.   — 138
49. La vignette au Sphinx et au Satyre.   — 139
50. Montant d'ornemens.   — 139
51. Montant d'ornemens.   — 139
52. Montant d'ornemens.   — 140
53. Montant d'ornemens.   — 140
54. Montant d'ornemens.   — 141
55. Montant d'ornemens.   — 141
56. Répétition de la pièce précédente.   — 141
57. Montant d'ornemens.   — 141
58. Montant d'ornemens.   — 142
59. Deux côtés d'une gaine sur une même planche.   — 142

9. Albert Durer. VII. 5

Pièces gravées sur cuivre.

Sujets de la bible.

1. Adam et Eve. 1504.   — 30

2. La nativité. 1504. . . . VII. p. 31
3-18. La passion de Jésus Christ. Suite de seize estampes. . . — 33
  3) L'homme de douleurs. 1509. — 33
  4) Jésus Christ en prières au mont des olives. 1508. . . . — 33
  5) Jésus C. saisi par les Juifs. 1508. — 34
  6) Jésus C. devant Caïphe. 1512. . — 34
  7) Jésus C. amené à Pilate. 1512. — 35
  8) La flagellation. 1512. . . — 35
  9) Le couronnement d'épines. 1512. — 35
  10) L'ecce homo. 1512. . . — 36
  11) Pilate se lavant les mains. 1512. — 36
  12) Le portement de croix. 1512. — 37
  13) Jésus Christ à la croix. 1511. — 37
  14) La descente de croix. 1507. . — 37
  15) J. C. mis au tombeau. 1512. . — 38
  16) La descente aux limbes. 1512. — 39
  17) La résurrection. 1512. . . — 39
  18) S. Pierre et S. Jean guérissant les boiteux à la porte du temple. 1513. . . . . — 40
19. Jésus Christ en prières au jardin des olives. 1515. . . . — 42
20. L'homme de douleurs, aux bras étendus. . . . . . — 42
21. L'omme de douleurs, aux mains liées. 1512. . . . . — 43
22. L'homme de douleurs, assis. 1515. . . . . . . — 44
23. Crucifix. Petite planche ronde. . — 44
24. Jésus Christ expirant sur la croix. 1508. . . . . — 46
25. La face de Jésus Christ. 1513. — 47

26. La face de Jésus Christ. 1516.   .   VII. p. 48
27. La Trinité.   .   .   .   .   —   48
28. L'enfant prodigue.   .   .   .   —   49

Sujets de Vierges.

29. S. Anne et la jeune Vierge.   .   —   50
30. La Vierge aux cheveux longs,
   liés avec une bandelette.   .   .   —   50
31. La Vierge à la couronne d'étoi-
   les. 1508.   ., ...   —   52
32. La Vierge à la couronne d'étoi-
   les et au sceptre. 1516.   .   .   —   53
33. La Vierge aux cheveux courts,
   liés avec une bandelette. 1514.   .   —   53
34. La Vierge allaitant l'enfant Jé-
   sus. 1503.   .   .   .   .   .   —   54
35. La Vierge assise, embrassant l'enfant Jésus. 1513.   .   .   .   —   55
36. La Vierge donnant le sein à
   l'enfant Jésus. 1512.   .   .   .   —   55
37. La Vierge couronnée par un
   ange. 1520.   .   .   .   .   —   56
38. La Vierge avec l'enfant Jésus em-
   mailloté. 1520.   .   .   .   .   —   57
39. La Vierge couronnée par deux
   anges. 1518.   .   .   .   .   —   57
40. La Vierge assise au pied d'une
   muraille. 1514.   .   .   .   .   —   58
41. La Vierge à la poire. 1511.   .   —   59
42. la Vierge au singe.   .   .   .   —   60
43. La sainte famille.   .   .   .   —   61
44. La sainte famille au papillon.   —   62
45. La Vierge à la porte. 1520.   .   —   64

Sujets de Saints.

46-50. Les cinq disciples de Jésus C.
  Suite de cinq estampes. . . VII. p. 64
  46) S. Philippe. 1526. . . . — 64
  47) S. Barthélemy. 1523. . . — 65
  48) S. Thomas. 1514. . . . — 66
  49) S. Simon. 1523. . . . — 67
  50) S. Paul. 1514. . . . — 67
51. S. Christophe, à la tête retour-
  née. 1521. . . . . . — 68
52. S. Christophe. 1521. . . . — 69
53. S. George à pied. . . . — 69
54. S. George à cheval. 1508. . — 70
55. S. Sébastien attaché à un arbre. — 71
56. S. Sébastien attaché à une colonne. — 72
57. S. Eustache. . . . . — 73
58. S. Antoine. 1519. . . . — 74
59. S. Jerôme. 1512. . . . — 75
60. S. Jerôme dans sa cellule. 1514. — 76
61. S. Jerôme en pénitence. . . — 77
62. S. Jerôme, petite planche ronde. — 78
63. S. Genevieve. . . . . — 79
64. La Véronique. 1510. . . — 80

Sujets profanes.

65. Le jugement de Paris. Petite planche ronde. . . . . — 80
66. Les trois génies. . . . — 81
67. La sorcière. . . . . — 82
68. Apollon et Diane. . . . — 82
69. La famille du Satyre. 1505. . — 83
70. Cinq études de figures. . . — 84
71. L'enlèvement d'Amymone. . — 84

72. Le ravissement d'une jeune femme. 1516.   VII.   p. 85
73. L'effet de la jalousie.   —   86
74. La mélancolie. 1514.   —   87
75. Le groupe de quatre femmes nues. 1497.   —   89
76. L'oisiveté ou le songe.   —   91
77. La grande fortune.   —   91
78. La petite fortune.   —   92
79. La justice.   —   93
80. Le petit courier.   —   94
81. Le grand courier.   —   95
82. La dame à cheval.   —   95
83. Le paysan et sa femme.   —   96
84. L'hôtesse et le cuisinier.   —   97
85. L'Oriental et sa femme.   —   97
86. Les trois paysans.   —   97
87. L'enseigne.   —   98
88. L'assemblée de gens de guerre.   —   99
89. Le paysan de marché. 1512.   —   99
90. Le branle. 1514.   —   101
91. Le joueur de cornemuse. 1514.   —   101
92. Le violent.   —   102
93. Les offres d'amour.   —   103
94. Le seigneur et la dame.   —   104
95. Le pourceau monstrueux.   —   105
96. Le petit cheval. 1505.   —   105
97. Le grand cheval. 1505.   —   106
98. Le cheval à la mort. 1513.   —   106
99. Le canon. 1516.   —   108
100. Les armoiries au coq.   —   108
101. Les armoiries à la tête de mort. 1503.   —   109

Portraits.

102. Albert de Mayence, vu de face. 1509.   VII. p. 110

103. Albert de Mayence, vu de profil. 1523.   — 111

104. Fréderic, électeur de Saxe. 1524.   — 112

105. Philippe Melanchton. 1526.   — 113

106. Bilibald Pirkheimer. 1524.   — 113

107. Erasme de Rotterdam. 1526.   — 114

108. Joachim Patenier. 1521.   — 115

Gravures en bois.

Sujets de la bible.

1. Caïn tuant Abel. 1511.   — 116

2. Samson tuant le lion.   — 116

3. Les trois rois. 1511.   — 116

4-15. La passion de Jésus Christ. Suite de douze estampes.   — 117

4) Titre.   — 117

5) La cène. 1510.   — 117

6) Jésus Christ au mont des olives.   — 117

7) La prise de Jésus Christ. 1510.   — 117

8) La flagellation.   — 117

9) Jésus Christ présenté au peuple.   — 117

10) Le portement de croix.   — 117

11) Jésus Christ à la croix.   — 117

12) La sépulture.   — 117

13) Le corps de Jésus Christ pleuré par les saintes femmes.   — 117

14) La redemption des ancêtres. 1510.   — 118

15) La résurrection. 1510.   — 118

16-52. La passion de Jésus Christ.
Suite de trente sept pièces.   '   ·   VII. p. 119
  16) Titre.   .   .   .   .   .   —   119
  17) Adam et Eve près de l'arbre
      de vie.   .   .   .   .   .   —   119
  18) Ils sont chassés du paradis.   .   —   119
  19) L'annonciation.   .   .   .   —   119
  20) La nativité.   .   .   .   .   —   119
  21) Jésus Christ prenant congé de
      sa mère.   .   .   .   .   —   119
  22) Son entrée à Jérusalem.   .   —   119
  23) Il chasse les vendeurs hors du
      temple.   .   .   .   .   .   —   119
  24) La cène.   .   .   .   .   —   119
  25) Le lavement des pieds.   .   —   119
  26) Jésus Christ au mont des olives.   —   119
  27) Il est pris par les juifs.   .   —   119
  28) Il est conduit devant le grand-
      prêtre.   .   .   .   .   .   —   120
  29) Le grand-prêtre déchire ses
      habits.   .   .   .   .   .   —   120
  30) Jésus Christ insulté dans le
      prétoire.   .   .   .   .   —   120
  31) Il est conduit devant Pilate.   .   —   120
  32) Il est traîné devant Hérode.   —   120
  33) La flagellation. —   .   .   —   120
  34) Le couronnement d'épines.   —   120
  35) Jésus C. présenté au peuple.   —   120
  36) Pilate se lave les mains.   .   —   120
  37) Le portement de croix.   .   —   120
  38) Le suaire.   .   .   .   .   —   120
  39) Jésus C. est attaché sur la croix.   —   120
  40) Jésus Christ à la croix.   .   —   120
  41) Jésus Christ aux limbes.   .   —   120

42) Jésus Christ descendu de la croix. . . . . . . VII. p. 120
43) Le corps de Jésus Christ pleuré par les saintes femmes. . . — 120
44) La sépulture. . . . . — 120
45) La résurrection. . . . — 120
46) Le Sauveur victorieux apparoissant à sa mère. . . . — 120
47) Jésus Christ en jardinier apparoissant à la Madelaine. . — 120
     — 120
48) Jésus Christ à Emaüs. . . — 120
49) J. C. au milieu de ses disciples. — 120
5o) L'ascension. . . . . — 120
51) La pentecôte. . . . — 121
52) Le jugement dernier. . . — 121
53. La cène. 1523. . . . . — 123
54. Jésus Christ au jardin des olives. — 123
55. Crucifix. 1510. . . . . — 123
56. Crucifix. 1516. . . . . — 124
57. Crucifix. . . . . . — 125
58. Crucifix ; en deux planches. . — 125
59. Le calvaire. . . . . — 127
60-75. L'apocalypse de S. Jean. Suite de quinze pièces. . . . — 127
60) Titre. . . . . . — 127
61) Le martyre de S. Jean. . — 127
62) Les sept chandeliers d'or. . — 127
63) Le trône dressé, et quelqu'un assis sur ce trône. . . . — 128
64) Les quatre chevaux de différentes couleurs. . . . — 128
65) L'ouverture du sixième sceau. . — 128
66) Quatre anges retiennent tous les vents. . . . . . — 128

67) Les élus bénissent Dieu.   VII. p. 128
68) Sept anges avec des trompettes.   —   128
69) Les quatre anges délivrés etc.   —   128
70) S. Jean avalant le livre.   —   128
71) La femme revêtue du soleil.   —   128
72) Le combat de S. Michel contre le dragon.   —   128
73) Babylone la grande prostituée.   —   129
74) La bête qui a des cornes d'agneau.   —   129
75) Le dragon enchaîné par mille ans.   —   129

Sujets de Vierges.

76-95. La vie de la Vierge. Suite de vingt estampes.   —   131
76) La Vierge assise sur le croissant.   —   131
77) Le grand-prêtre n'admettant pas Joachim.   —   131
78) Un ange apparoissant à Joachim.   —   131
79) S. Joachim embrassant S. Anne sous la porte d'or. 1509.   —   131
80) La naissance de la Vierge.   —   131
81) Sa présentation dans le temple.   —   131
82) Les fiançailles de la Vierge et de S. Joseph.   —   131
83) L'annonciation.   —   132
84) La visitation.   —   132
85) La nativité.   —   132
86) La circoncision.   —   132
87) L'adoration des rois.   —   132
88) La présentation au temple.   —   132
89) La fuite en Egypte.   —   132
90) Repos en Egypte.   —   132

91) Jésus Christ au temple parmi les docteurs de la loi.   VII. p. 132

92) Jésus Christ prenant congé de sa mère.   —   132

93 La mort de la Vierge. 1510.   —   132

94) L'assomption.   —   132

95) La Vierge adorée par des Saints.   —   133

96. S. famille. 1511.   —   134

97. S. famille. 1511.   —   134

98. S. famille. 1526.   —   134

99. S. famille.   —   135

100. S. famille.   —   135

101. La Vierge entourée d'anges. 1518.   —   135

102. S. famille.   —   136

Saints et Saintes.

103. S. Christophe. 1511.   —   136

104. S. Christophe.   —   136

105. S. Christophe. 1525.   —   137

106. S. Coloman.   —   137

107. S. Elie accompagné d'un autre Saint.   —   138

108. Les Saints Etienne, Grégoire et Laurent.   —   138

109. S. Etienne au milieu de deux S. Evêques.   —   138

110. S. François stigmatisé.   —   138

111. S. George.   —   138

112. S. Jean l'évangéliste et S. Jerôme.   —   139

113. S. Jerôme dans une grotte. 1512.   —   139

114. S. Jerôme dans sa cellule. 1511.   —   139

115. S. Jerôme en pénitence. Pièce ronde.   —   139

116. Les huit saints patrons d'Autriche. . . . . . VII. p. 140

117. Le supplice des dix mille martyres de Nicomédie. . . — 140

118. Les trois évêques debout. . — 140

119. Un Saint qui se mortifie avec la discipline. 1510. . . . — 141

120. Le martyre de S. Catherine. . — 141

121. S. Madelaine transportée au ciel par les anges. . . . . — 141

Différens autres sujets pieux.

122. La S. Trinité. 1511. . . . — 141

123. S. Grégoire célébrant la messe. 1511. . . . . . — 142

124. Le jugement universel. . . — 142

125. La décollation de S. Jean Baptiste. 1510. . . . . — 142

126. Hérodiade remettant à Hérode la tête de S. Jean. 1511. . . — 143

Sujets profanes.

127. Les hommes et les femmes nuds qui se battent. *Ercules.* . . — 143

128. Un bain. . . . . . — 144

129. La colonne ; en trois morceaux. — 144

130. La philosophie, assise sur un trône. . . . . . — 144

131. Un homme à cheval, suivi d'un hallebardier. . . . . — 145

132. La mort montrant un sable à un soldat. . . . . . — 145

133. Un maître d'école. 1510. . — 145

134. Le jugement de Paris. . . — 146

135. Un homme et une femme qui s'embrassent.   VII. p. 146

136. Le Rhinocéros. 1515.   —   147

137. Le siége d'une ville. 1527.   —   149

138. L'arc triomphal de l'empereur Maximilien I.   —   149

139. Le char triomphal de l'empereur Maximilien I.   —   154

140-145. Six ronds appelés *les dédales*. Suite de six planches.   —   159

   140) Le premier.   —   159

   141) Le second.   —   159

   142) Le troisième.   —   159

   143) Le quatrième.   —   159

   144) Le cinquième.   —   159

   145) Le sixième.   —   159

146-147. Deux pièces pour la perspective de P. Pfintzing l'aîné.   —   160

   146) Un homme dessinant un autre homme assis dans un fauteuil.   —   160

   147) Un homme visant un luth. 1525.   —   160

148-149. Deux autres pièces pour le même ouvrage de P. Pfintzing.   —   160

   148) Un homme dessinant un vase.   —   160

   149) Un homme dessinant une femme couchée.   —   160

150-152. Trois desseins du globe céleste.   —   161

   150) Hemisphaerium Australe.   —   161

   151) Imagines coeli septentrionalis.   —   161

   152) Imagines coeli meridionalis. 1515.   —   161

Portraits.

153. L'empereur Maximilien I. en buste. . . . . VII. p. 162
154. Ce même portrait; sans la bordure. — 163
155. Ulric Varnbuler. 1522. . . — 163
156. Albert Durer. 1527. . . — 164
157. Le baron de Schwarzenberg. — 166

Armoiries.

158. Cinq écus des armoiries impériales. 1504. . . . . — 167
159. Les armoiries de Behem. . — 167
160. Celles d'Albert Durer. 1523. — 167
161. Celles de la famille de Kresen. — 167
162. Celles de la ville de Nuremberg. 1521. . . . . — 167
163. Celles de Hector Pömer. 1521. — 169
164. Celles de Scheurl et de Geuder. — 170
165. Celles de Jean Stab. . . — 170
166. Celles du même, avec des changemens. . . . . . — 171
167. Celles de Laurent Staiber. . — 171
168. Celles du même, avec des changemens. . . . . . — 172
169. Un écu à la fasce, accompagné de trois têtes de lion. . . — 172
170. Un écu à l'homme sauvage qui court, accompagné de deux lévriers. . . . . . — 173

Appendice contenant les pièces gravées en bois, qui ne semblent point être dessinées par Albert Durer.

Sujets pieux.

1. Adam et Eve. . . . . — 173

2. Iob. . . . . VII. p. 173
3. Frise offrant la nativité et les trois mages. . . . . . — 174
4. Le couronnement d'épines. . — 174
5. Jésus Christ présenté au peuple. — 174
6. Jésus Christ à la croix. . . — 175
7. La Vierge pleurant le corps mort de Jésus Christ. . . . — 175
8. Jésus Christ en jardinier, apparoissant à Marie Madelaine. . . — 175
9. La vie de la Vierge, en treize sujets renfermés dans un pareil nombre de compartimens. . — 175
10. La S. famille. 1519. . . — 176
11. S. Anne. . . . . . — 177
12. La Vierge avec l'enfant Jésus, accompagnée d'une Sainte et de S. Joseph. . . . . — 177
13. La Vierge assise sur un banc de gazon. . . . . — 178
14. La Vierge. . . . — 178
15. Ce même morceau, avec des changemens. . . . — 179
16. S. Christophe. . . . — 179
17. La conversion de S. Paul. . — 179
18. S. Martin à cheval. . . — 179
19. S. Sébalde. . . . — 179
20. S. Sébalde. . . — 180
21. S. Sébalde. 1518. . . — 180
22. S. Sebastien. . . . — 180
23. Un Evêque debout. . . — 181
24. S. Barbe. . . . — 181
25. S. Catherine. . . . — 181
26. Tête de Christ. . . — 182

27. Cette même tête de Christ, avec
des changemens. . . . VII. p. 182

28. Vignette offrant Dieu le père,
le péché des premiers hommes,
leur bannissement du paradis etc. — 182

29. La Trinité, au milieu de différens Saints. 1515. . . . — 183

30. Bordure servant de frontispice
de livre. . . . . . — 183

31. L'empereur Maximilien I enten-
dant la grand' messe. . . — 184

32. L'empereur Maximilien I adorant Dieu le père en présence de
plusieurs Saints. . . . — 185

Sujets profanes.

33. Pièce allégorique. . . . — 185

34. Pièce allégorique de trois morceaux. . . . . . — 186

35. Des sorcières allant au Sabbat. 1510. . . . . — 187

36. Deux jouteurs dont l'un tombe. — 187

37. Deux jouteurs, tombant l'un et
l'autre de cheval. . . . — 188

38. La danse aux flambeaux. . — 188

39. Quatre hommes et un âne qui
courent. . . . . . — 188

40. Un dragon. . . . . — 188

Portraits.

41. Charles V, à mi-corps. 1519. . — 189

42. Charles V, à mi-corps. . . — 189

43. Guillaume électeur de Saxe. 1519. — 189

30   TABLE GÉNÉRALE.

Armoiries.

44. Les armoiries de Gilles de Ber-
lichingen.   .   .   .   .   VII. p. 190

45. Celles d'Ebner et de Füh-
rer. 1516.   .   .   .   .   —   190

46. Celles de Gabriel d'Eyb. 1525.   —   191

47. Celles du même, renfermées dans
une bordure d'arabesques.   .   —   191

48. Celles de Jean Fernberger d'E-
genburg.   .   .   .   .   —   191

49. Celles de Jean Gastgeb.   .   .   —   191

50. Celles de Haller.   .   .   .   —   191

51. Celles de Gabriel comte d'Or-
tenburg.   .   .   .   .   —   192

52. Celles de Bilibald Pirckheimer.   —   192

53. Celles de Pömer.   .   .   .   —   193

54. Celles de Rehm. 1526.   .   .   —   193

55. Celles de Jean de Revelles. 1524.   —   194

56. Celles de Jean Segker de Mes-
senbach.   .   .   .   .   —   194

57. Un homme à genoux tenant deux
écussons.   .   .   .   .   —   194

58. Un écu parti, à une rencontre de
deux différentes fleurs de lis.   .   —   195

59. Un écu à un sanglier sautant.   .   —   195

60. Un écu parti et bandé.   .   .   —   195

61. Un écu à la couronne.   .   .   —   195

62. Un écu écartelé, à l'écu en coeur.   —   196
Alberti Dureri Noriberg. German.
Icones sacrae. 1604.   .   .   —   196

10. Voyez Nr. 170. Mentionné IX. 381.

11. ⚹ Henri Aldegrever. VIII. p. 362

Sujets de la bible.

1-6. L'histoire d'Adam et d'Eve. 1540.
Suite de six estampes. . . — 363
1) La création d'Eve. . . — 363
2) Dieu défendant aux premiers hommes de manger du fruit de l'arbre de vie. . . . — 363
3) Adam et Eve mangeant du fruit défendu. . . . . . — 363
4) Ils cherchent à éviter la présence de Dieu. . . . — 364
5) L'ange les chasse du paradis. — 364
6) Ils sont assujettis au travail. — 364
7-8. Adam et Eve 1551. Deux estampes. . . . . . — 364
7) Adam. . . . . . — 364
8) Eve. . . . . . — 364
9-10. Adam et Eve. 1529. Deux estampes. . . . . . — 365
9) Adam. . . . . . — 365
10) Eve. . . . . . — 365
11-12. Adam et Eve. Deux estampes. — 365
11) Adam. . . . . . — 365
12) Eve. . . . . . — 365
13. Loth et ses filles. 1530. . . — 366
14-17. L'histoire de Loth. 1555. Suite de quatre estampes. . . . — 366
14) Loth reçoit chez lui les anges. — 366
15) Il empêche les habitans de Sodome de leur faire violence. — 366

16) Il sort de Sodome avec sa famille. . . . . . VIII. p. 366

17) Il se laisse enivrer par ses filles. . . . . : — 366

18-21. L'histoire de Joseph. 1528 et 1532. Suite de quatre estampes. — 367

18) Joseph raconte ses songes à Jacob. 1532. . . . . — 367

19) Il échappe à la femme de Putiphar. 1532. . . . — 367

20) Il est accusé par elle auprès du roi. 1532. . . . — 367

21) Il fait vendre du blé à ses frères. 1528. . . . . — 367

22-28. L'histoire d'Ammon et de Thamar. Suite de sept estampes. . . . . . — 368

22) Ammon avoue a Jonadab sa passion pour Thamar. 1540. — 368

23) Ammon fait violence à Thamar. 1530. . . . . — 368

24) Il la renvoie avec mépris. 1530. — 368

25) Thamar se plaint à Absalon. 1540. . . . . . — 369

26) Absalon invite le roi David et ses frères à un festin. 1540. — 369

27) Ammon tué pendant le festin. 1540. . . . . — 369

28) David déchire ses vêtemens à la nouvelle de la mort de son fils. 1540. . . . . — 369

29. Le jugement de Salomon. 1555. — 370

30-33. L'histoire de Susanne. 1555. Suite de quatre estampes. . . — 371

3o) Susanne surprise au bain par les deux vieillards.   .   . VIII. p. 37r

31) Les vieillards l'accusent d'adultère.   .   .   .   .   —   37r

32) Ils sont convaincus de faux témoignage par David.   .   —   37r

33) Ils sont lapidés par le peuple.   —   37r

34. Judith. 1528.   .   .   .   .   —   37r

35. Dalila. 1528.   .   .   :   .   —   372

36. Dalila. 1528. Pièce ronde.   .   —   372

37. Bethsabée 1532.   .   .   .   —   373

38. L'annonciation. 1553.   .   .   —   373

39. La nativité. 1553.   .   .   .   —   373

40-43. La parabole du Samaritain charitable. 1554. Suite de quatre estampes.   .   .   .   .   .   —   374

40) Des voleurs dépouillent un homme.   .   .   .   .   .   —   374

41) Un Samaritain versé de l'huile et du vin dans ses plaies.   .   —   375

42) Il le met sur la mule pour l'amener dans l'hôtellerie. .   .   —   375

43) Il charge l'hôte d'en avoir soin.   —   375

44-48. La parabole du mauvais riche. 1554. Suite de cinq estampes.   .   —   376

44) Le mauvais riche à table.   .   —   376

45) Lazare demande les miettes qui tombent de sa table.   .   —   376

46) Le mauvais riche meurt.   .   —   377

47) Les diables l'entraînent dans l'enfer. ..   .   .   .   .   —   377

48) Il voit Lazare dans le sein d'Abraham.   .   .   .   —   377

49. Jésus Christ à la croix. 1553.   .   —   379

Vierges et Saints.

5o. La Vierge debout. 1553. . . VIII. p. 379
5r. La Vierge debout. 1527. . . — 380
52. La Vierge assise. 1553. . . — 380
53. La Vierge assise. 1527. . . — 381
54. La Vierge assise. . . . — 381
55. La Vierge assise. 1527. . — 381
56. La Vierge assise. 1527. . — 382
57-60. Les quatre évangélistes. Gravés
    en 1539 d'après G. Pencz. — 382
    57) S. Matthieu. . . — 382
    58) S. Marc. . . — 383
    59) S. Luc. . . — 383
    6o) S. Jean. . — 383
61. S. Christophe. 1527. — 383

Sujets de l'histoire profane.

62. Sophonisbe. 1553. . . . — 384
63. Tarquin et Lucrèce. 1539, d'a-
    près G. Pencz. . . . — 384
64. Tarquin et Lucrèce. 1553. . — 385
65. Médée et Jason. 1529. . — 385
66. Rhéa Sylvia. . . . . — 386
67. L'enlèvement. 1530. . . — 386
68. Marc Curce. 1532. . . — 386
69. Mutius Scévola. 1530. . . — 387
70. Hector. 1532. . . . — 387
71. Annibal et Scipion. 1530. . — 387
72. Titus Manlius. 1553. . . — 388
73. Le père sévère. 1553. . — 388

Sujets de la fable.

74-8o. Les divinités qui président
    aux sept planètes. 1533. . — 389
    74) Apollon. — 389

75) Diane. 1533.	VIII.	p.389
76) Mars.	—	389
77) Mercure. 1533.	—	389
78) Jupiter. 1533.	—	389
79) Vénus. 1533.	—	389
80) Saturne. 1533.	—	390
81. Diane.	—	390
82. Mars. 1529.	—	390
83-95. Les travaux d'Hercule. 1550	—	391
83) Hercule écrase deux serpens. 1550.	—	391
84) Il déchire le lion de Némée. 1550.	—	391
85) Il assomme Cacus. 1550.	—	391
86) Il abbat l'hydre de Lerne. 1550.	—	391
87) Il arrache des enfers le chien Cerbère. 1550.	—	391
88) Il étouffe Anthée. 1550.	—	392
89) Il combat Achélous. 1550.	—	392
90) Il tue le dragon, gardien du jardin des Hespérides. 1550.	—	392
91) Il aide Atlas à soutenir le ciel. 1550.	—	392
92) Il empêche les Centaures d'enlever Hippodamie. 1550.	—	392
93) Il tue Nessus. 1550.	—	392
94) Il plante deux colonnes. 1550.	—	393
95) Il artête la biche aux pieds d'airain.	—	393
96. Hercule et Anthée. 1529.	—	393
97. Hercule.	—	393
98. Le jugement de Paris. 1538.	—	393
99. Paris, Vénus et l'Amour. 1551.	—	394
100. Orphée. 1528.	—	394

101. Thisbé.	VIII. p.	395
102. Thisbé. 1553.	—	395

Allégories et différens autres sujets de fantaisie.

103-116. Diverses figures allégoriques. Suite de quatorze estampes.	—	395
103) La concorde. 1549.	—	396
104) La paix. 1549.	—	396
105) La diligence. 1549.	—	396
106) La fortune. 1549.	—	396
107) La richesse. 1549.	—	396
108) La paresse. 1549.	—	397
109) L'intemperance. 1549.	—	397
110) La lascivité. 1549.	—	397
111) L'envie. 1549.	—	397
112) La colère. 1549.	—	397
113) La pauvreté. 1549.	—	398
114) La patience. 1549.	—	398
115) La joie. 1549.	—	398
116) Le Sauveur victorieux. 1550.	—	398
117-130. Les vertus et les vices qui leur sont opposés. Suite de quatorze estampes.	—	398

Les vertus.

117) L'humilité. 1552.	—	399
118) L'amour du prochain. 1552.	—	399
119) La patience. 1552.	—	399
120) La chasteté. 1552.	—	400
121) La tempérance. 1552.	—	400
122) La charité. 1552.	—	400
123) La diligence. 1552.	—	400

Les vices.

124) L'orgueil. 1552.	—	400
125) L'envie. 1552.	—	401

126) La colère. 1552.   .   .   .   VIII. p. 401
127) La lascivité. 1552.   .   —   401
128) La gourmandise. 1552.   .   —   402
129) L'avarice. 1552.   .   .   — '   402
130) La paresse. 1552   .   .   —   402
131. La foi. 1528.   .   .   .   .   —   402
132. L'intempérance. 1528.   .   .   —   403
133. La force. 1528.   .   .   .   —   403
134. Le souvenir de la mort. 1529.   —   404
135 - 142. Le pouvoir de la mort.
    1541. Suite de huit estampes.   .   —   405
135) Dieu créant Eve. 1541.   .   —   405
136) Adam et Eve mangeant du
    fruit défendu. 1541.   .   .   —   405
137) Un ange les chasse du para-
    dis. 1541.   .   .   .   .   —   406
138) Adam condamné à cultiver la
    terre. 1541.   .   .   .   —   406
139) La mort enlevant un pape.
    1541.   .   .   .   .   .   —   406
140. La mort enlevant un cardi-
    nal. 1541.   .   .   .   —   406
141) La mort enlevant un évêque
    1541.   .   .   .   .   —   406
142) La mort enlevant un abbé.
    1541.   .   .   .   .   —   406
143. La fortune. 1555.   .   .   .   —   407
144-151. Les danseurs de noce. 1538.
    Suite de huit estampes.   .   .   —   407
144) Deux musiciens. 1538.   .   —   407
145) Couple de danseurs. 1538.   .   —   408
146) Autre couple. 1538.   .   .   —   408
147) Autre couple. 1538.   .   .   —   408
148) Autre couple. 1538.   .   .   —   408

149) Autre couple. 1538. . . VIII. p. 408
150) Autre couple. 1538. . . — 408
151) Autre couple. 1538. . . — 409
152-159. Les danseurs de noce. 1551.
   Suite de huit estampes. . . — 409
   152) Trois musiciens, marqué de
      Nr. 1. 1551. . . . . — 409
   153) Couple de danseurs. 1551. 2. — 409
   154) Autre couple. 1551. 3. . — 409
   155) Autre couple. 1551. 4. . — 409
   156) Autre couple. 1551. 5. . — 409
   157) Autre couple. 1551. 6. . — 409
   158) Autre couple. 1551. 7. . — 409
   159) Autre couple. 1551. 8. . — 409
160-171. Les danseurs de noce. 1538.
   Suite de douze estampes. . . — 409
   160) Un homme accompagné d'un
      chien. 1538. Marqué de Nr. 1. — 409
   161) Deux hommes portant des
      flambeaux. 1538. 2. . . — 410
   162) Couple de danseurs. 1538. 3. — 410
   163) Autre couple. 1538. 4. . — 410
   164) Autre couple. 1538. 5. . — 410
   165) Autre couple. 1538. 6. . — 410
   166) Autre couple. 1538. 7. . — 410
   167) Autre couple. 1538. 8. . — 410
   168) Autre couple. 1538. 9. . — 410
   169) Autre couple. 1538. 10. . — 410
   170) Autre couple. 1538. 11. . — 410
   171) Trois hommes sonnant la
      trompette. 1538. 12. . . — 410
172. Le joueur de luth amoureux.
   1537. . . . . . . — 411
173. Les deux amans. 1529. . . — 411

TABLE GÉNÉRALE. 39

174. Le soldat. 1529. . . . VIII. p. 411
175. Le soldat et sa famille. . — 412
176. L'enseigne. 1528. . . . — 412
177. L'enseigné. 1540. . . . — 412
178. Le moine et la religieuse. 1530. — 413
179. Le même sujet traité diffé-
    remment. . . . . . — 413
180 La nuit. 1553. . . — 413

Portraits.

181. Guillaume, duc de Juliers. 1540. — 414
182. Jean van Leyden. 1536. . . — 415
183. Bernard Knipperdolling. 1536. — 416
184. Martin Luther. 1540. . . — 416
185. Philippe Melanchton. 1540. . — 417
186. Albert van der Helle. 1538. . — 418
187. Buste de vieillard. 1528. . — 418
188. Henri Aldegrever, âgé de 28 ans.
    1530. . . . . . . — 419
189. Le même, âgé de 35 ans. 1537. — 419

Vignettes, rinceaux d'ornemens et autres desseins d'orfevrerie.

A. Pièces sans date
a. En largeur.

190. Vignette avec des feuillages. . — 426
191. Vignette à l'enfant au milieu
    de deux dauphins. . . . — 428
192. Vignette aux deux poissons chi-
    mériques. . . . . . — 426
193. Vignette aux deux branches de
    rinceaux liées ensemble. . — 426
194. Vignette à la figure fantastique. — 421
195. Vignette aux deux rameaux de

rinceau partant d'une espèce de trompe. . . . . . VIII. p. 421

196. Vignette au vase entre deux enfans. . . . . . — 421

197. Vignette à un enfant et un vase. — 421

198. Vignette aux deux mascarons. — 422

199. Deux Sirènes dos-à-dos. . — 422

200. Vignette au rond de la forme d'un fer à cheval. . . . — 422

201. Vignette au Triton portant deux Néréides. . . . . — 422

202. Rinceau à la femelle de Centaure, qui porte un enfant. . — 423

203. Vignette à une cuirasse, un masque et un crâne. . . — 423

204. Vignette aux quatre Centaures et leurs femelles. . . . — 423

205. Des enfans nuds dansant en rond sous un dais. . . . 423

206. L'alphabet romain. . . — 424

b. En hauteur.

207. Un enfant portant un trophée d'armes. . . . . . — 424

208. Deux amours supportant un globe. . . . . . — 425

209. Un Amour assis sur un bouc couché. . . . . — 425

210. Un Satyre soutenu en l'air par deux enfans. . . . . — 425

211. Un amour tenant un clairon et un rinceau. . . . . — 425

212. Cinq Amours dont trois portent un ours. . . . . — 426

213. Gaine à l'homme nud, tenant une baguette.   VIII. p. 426
214. Gaine à la femme tenant une voile.   —   427
215. Gaine à l'homme tenant un perroquet.   —   427
216. Gaine à la dame tenant un oeillet.   —   427
     B. Pièces marquées de la date.
     1522.
217. Vignette à la tête de chérubin.   —   428
     1527.
218. Vignette à l'enfant entre deux dauphins.   —   428
219. Vignette à la femme entre deux dauphins.   —   428
220. Vignette aux deux enfans assis sur des animaux chimériques.   —   429
221. Vignette aux deux enfans montés sur des dauphins.   —   429
     1528.
222. Vignette au vase d'où sortent des rinceaux.   —   429
223. Deux femmes dos-à-dos au pied d'un vase.   —   429
224. Une Sirène servant de pied à un vase.   —   430
225. Gaine au porte-enseigne.   —   430
226. Gaine à la prostituée de Babylone.   —   430
     1529.
227. Vignette aux rinceaux qui sortent d'un vase.   —   431
228. Vignette aux deux génies ailés.   —   431
229. Vignette au combat entre un centaure et sa femelle.   —   431

230. Deux enfans debout auprès d'un vase. . . . . . VIII. p. 432

231. Trois Amours portant un ours. — 432

232. Un homme en cuirasse, lequel se termine en rinceaux. . . — 432

233. Montant au vase, à l'animal chimérique dans un médaillon, et aux deux dauphins. . . . — 433

234. Gaine à David tenant la tête de Goliath. . . . . — 433

235. Gaine à la décollation de S. Jean. — 433

1530.

236. Montant d'ornemens aux deux mascarons et aux deux poissons chimériques. . . . — 434

1532.

237. Vignette aux ornemens qui sortent d'un vase. . . . . — 434

238. Panneau rempli de feuillages qui — 434
naissent du milieu d'en bas. . — 434

239. Vignette à la tête de Chérubin entre deux enfans nuds. . . — 435

240. Vignette aux deux Spinx ailés. — 435

241. Vignette à l'homme assis au milieu. . . . . . — 435

242. Vignette au Satyre accroupi. . — 436

243. Vignette au vase placé au milieu. — 436

244. Un enfant assis, tenant des branches de feuillage. . . . — 436

245. Petit morceau rempli de feuillage. — 436

246. Dessein de feuillage entremêlé de quatre enfans. . . . — 436

247. Gaine au jeune homme menant une dame. . . . . . — 437

248. Gaine à l'homme et à la femme nuds. . . . . . VIII. p. 437
249. Gaine au soldat faisant des caresses à une femme nue. . . — 438

1535.

250. Six enfans aux deux côtés d'un tableau qui offre l'alphabet. . — 438
251. Vignette à la Sirène au milieu de deux enfans. . . . . — 438
252. Danse de quatorze enfans . . — 438
253. Gaine au buste d'homme couvert d'un casque. . . . — 439
254. Gaine au buste d'un roi. . — 439
255. Composition d'ornemens à l'enfant sur le dos d'un Sphinx. . — 439
256. Un enfant soutenant un autre. — 440

1536.

257. Deux enfans qui font ployer des rinceaux d'ornemens. . . — 440
258. Trois agraffes sur une même planche. . . . . . — 440
259. Poignard, la poignée et la gaine ciselées. . . . . . — 440

1537.

260. Vignette à la femme, à l'homme et aux deux enfans. . . — 441
261. Vignette semblable. L'homme et la femme sont vus de profil. . — 441
262. Des enfans combattant contre des ours. . . . . . — 441
263. Agraffe pour un ceinturon. . — 441
264. Bout de fourreau de sabre. . — 442
265. Poignard dans sa gaine. . — 442

1539.

266. Un enfant au milieu d'un entrelacs de feuillage. . . .   VIII. p. 442
267. Des enfans précipitant deux de
leurs compagnons dans un puits.   —   442
268. Deux cuillers. . . .   —   443
269. Vignette au médaillon entre
deux enfans couchés. . .   —   443
270. Poignard au frondeur. . .   —   444

1549.

271 Deux enfans au milieu d'un entrelacs de feuillage. . . .   —   444
272. Dessein de grotesques au mascaron entre deux cornes d'abon-
dance. . . . . .   —   444
273. Dessein de grotesques au mascaron surmonté d'un Satyre. .   —   444
274. Dessein de grotesques dont le
milieu offre un mascaron. .   —   445
275. Déssein de grotesques dont le
milieu d'en bas offre la femelle
d'un Satyre. . . . .   —   445
276. Montant d'ornemens aux deux
Sphinx et aux deux lézards. .   —   445
277. Montant aux deux couples de
Satyres mâles et femelles. .   —   445
278. Deux enfans au milieu d'un
entrelacs de feuillage. .   —   446
279. Montant aux deux enfans debout
sur des cuisses de Satyre écartées. —   446

1550.

280. Enfant assis tenant une couronne
de laurier et un trophée de livres. —   447
281. Dessein de grotesques au masca-

ron entouré de deux enfans et de
quatre Sphinx.   .   .   .   .   VIII. p. 447
282. Dessein de grotesques au tro-
phée d'armes surmonté d'une
chauve-souris.   .   .   .   .   —   447

1552.

283. Montant aux deux têtes de dauphins et aux deux poissons.   .   —   447
284. Montant aux deux cuisses de
Satyre.   .   .   .   .   .   —   448
285. Montant au vase et au mascaron.   —   448
286. Montant aux deux Sphinx et au
mascaron.   .   .   .   .   .

1553.

287. Un vase.   .   .   .   .   .   —   448
288. Montant d'ornemens à la cuirasse.   —   449

153ǝ

289. Panneau rempli de feuillage.   .   —   449

Pièce douteuse.

Panneau d'ornemens à quatre Amours.   —   449

Pièces faussement attribuées à Henri Aldegrever.
1. L'enfant hallebardier.   .   .   —   450
2. Buste de femme.   .   .   .   .   —   450
3. Soldat tenant un bâton et un flacon.   —   451
4. Un homme nud assis foulant aux   —   451
pieds un autre homme.   .   .   —   451
5. Ce même morceau gravé une se-
conde fois. Sans la niche et sans
la massue hérissée.   .   .   .   —   452
6. La chanteuse et le joueur de luth.   —   452
7. Portrait en pied d'un Hollandois
de condition.   .   .   .   .   —   453
8. Gaine ornée de beaucoup de figures.   —   454

9. Un bain rempli d'hommes, de femmes et d'enfans. . . . . VIII. p. 454

Gravure en bois.

1. Une femme à genoux devant un seigneur accompagné de deux valets   —   455

12.   .   IX.   p. 482

1. Le songe de Jacob. . .   —   482

2-8. La danse de la mort. 1562. Suite de sept estampes. . . .   —   482

   2) Un seigneur et une dame, accompagnés de la mort qui bat la caisse. 1562. . . .   —   483

   3) Autre couple, accompagné de la mort qui joue du tympanon. 1562. . . . .   —   483

   4) Autre couple. La mort porte un sable. 1562. . . .   —   483

   5) Autre couple saisi par la mort qui tient un sable de la main gauche. 1562. . . .   —   483

   6) Autre couple poursuivi par la mort sous la masque d'un bouffon. 1562. . . .   —   483

   7) Autre couple conduit par la mort. 1562. . . .   —   484

   8) Autre couple accompagné de la mort couverte d'un bonnet haut orné de plumes. 1562. .   —   484

9. Chasse au loup. . . .   —   484

13.   . . . .   IX.   589
  1. La Vierge à la couronne d'étoiles.   —   589

14.   . . .   IX.   492
  1. Le joueur de cornemuse.   .   —   492

15.   . .   IX.   40
  1. Adam et Eve.   .   —   40

16.   IX   38
  1. Portrait de George, duc de Saxe.
     1535.   . . . . .   —   39
  2. Portrait inconnu de quelque prince
     de Saxe. 1535.   . . .   —   39
  3. Vignette. 1535.   . .   —   40

17. Alexandre Mayer.   IX.   597
  1. Portrait de Jean Welser.   .   —   597
  2. Frontispice de livre. 1594.   —   597
  3. Vignette à sept petits génies.   —   598

18.   . . . .   IX.   50
  1. La fortune. 1540.   . .   —   50
  2. La justice. 1538.   . .   —   50
  3. L'Amour. 1539.   . .   —   51

19.   . . . .   IX.   515
  1. Vénus. 1568.   . . .   —   515

48   TABLE GÉNÉRALE.

2. Un soldat allemand. 1568.   .   IX. p. 515
3. Autre soldat allemand. 1567.   .   —   515
4. Deux soldats allemands.   .   .   —   516

20. ᛦᚦᛏ   .   .   .   .   .   VIII.   537
  1. S. Barthélemy et S. Mathias. 1525.   —   537
  2. La paysanne allant au marché.
     1525.   .   .   .   .   —   537

21. ᛦᚦᛏ   .   .   .   .   IX.   239
  1. La pauvreté.   .   .   .   —   239

22. ᛦᚦᛏ   .   .   .   .   IX.   580
  1. S. Antoine l'ermite.   .   .   —   580

23. A.C.   .   .   .   .   IX.   166

Gravures en bois.

  1. Pièce allégorique sur le jugement
     juste et le jugement unique; mor-
     ceau de dix planches.   .   .   —   166
  1) Un juge partial.   .   .   .   —   166
  2) La justice, et un homme prê-
     tant un serment. 1549.   .   .   —   166
  3) Un juge écrivant, et l'innocence.   —   167
  4) La justice assise sur un tribu-
     nal etc.   .   .   .   .   —   167
  5)
  6)

24. A.Ɔ. . . . . IX. p. 532
  1. Le rebelle. 1569. . . . — 532

25. AEH . . . . . VIII. 539
  1. Bacchus. . . . . — 539
  2. Femme au bain. . . . — 539

26. AL . . . . IX. 550
  1. Portrait d'Albert Durer. 1579. . — 550

27. MG . . . . VI. 344
  1. Les trois rois. . . . . — 344
  2-13. La passion de Jésus Christ. Sui-
    te de douze estampes. . . — 345
    2) L'entrée à Jérusalem. . . — 345
    3) La Cène. . . . . — 345
    4) Jésus Christ au mont des olives. — 345
    5) La prise de Jésus Christ. . — 346
    6) J. C. devant le grand-prêtre. — 346
    7) La flagellation. . . . — 346
    8) Le couronnement d'épines. . — 347
    9) Le portement de croix. . . — 347
    10) Le crucifiement. . . . — 347
    11) La sépulture. . . . . — 348
    12) La descente aux limbes. . — 348
    13) La résurrection. . . . — 348
  14. Jésus Christ à la croix. . . — 349

Piéces gravées d'après des estampes de M. Schongauer.

  15. Le portement de croix. . . — 350
  16. Dieu assis sur le trône. . . — 351

Aldegrever, Henri. Voyez Nr. 11.

Altdorfer, Albert. Voyez Nr. 6.

Amman, Josse. Voyez Nr. 170.

l'Ancre, (le maître à). Voyez Nr. 42.

Andrea, Nicolas, Voyez Nr. 253.

B.

30. BAD . . . . . IX. p. 51
 1. Le jugement de Salomon. . — 51

31. BB et BP. Barthélemy Beham. VIII. p. 81

 1. Adam et Eve. . . — 84
 2. Judith. 1523. . — 84
 3. Judith. 1525. — 85
 4. Judith à mi-corps. . — 85
 5. La Vierge à la tête de mort. . — 85
 6. La Vierge au pot de fleurs. . — 86
 7. La Vierge au perroquet. . — 86
 8. La Vierge à la fenêtre. . — 87
 9. Tête de Christ. 1520. . — 87
 10. S. Christophe. 1520. . — 87
 11. Cimon. 1525. . — 88
 12. Cléopatre. 1524. . — 88
 13. L'enlèvement d'Hélène. . — 89
 14. Lucrèce. . — 89
 15. Lucrèce. . — 89
 16. Combat d'hommes nuds. . — 90
 17. Combat d'hommes nuds. *Titus Gracchus.* . — 90
 18. Combat d'hommes nuds. . — 91
 19. L'Amour. . — 91
 20. Femme assise sur une cuirasse. — 91
 21. La déesse Flore. *Flora.* . — 92
 22. Le Triton et la Néréide. . — 92
 23. Le Triton et la Néréide. . — 92
 24. Combat de deux dieux marins. — 92
 25. Apollon et Daphné. . — 93
 26. Le jugement de Paris. . — 94

27. Trois têtes de mort. 1529.   VIII. p. 94

28. Quatre têtes de mort. *Mors omnia aequat.*   —   95

29. Un génie ailé, à genoux.   —   95

30. L'enfant et le chien. 1525.   —   96

31. L'enfant dormant sur une tête de mort. 1525.   —   96

32. L'Amour en postillon. 1520.   —   97

33. Homme assis sur un dauphin. 1525.   —   97

34. Homme monté sur un dauphin. 1525.   —   97

35. Jeune homme armé d'un arc. 1525.   —   98

36. La femme baignant ses pieds.   —   98

37. Les trois femmes au bain.   —   98

38. L'avare.   —   99

39. Le monde, comme il va. 1525.   —   100

40. La mère de deux enfans.   —   101

41. La femme surprise par la mort.   —   101

42. Les trois sorcières.   —   101

43. La femme couchée, vue par le dos.   —   102

44. L'entrée triomphale.   —   102

45. L'homme assis sur une souche.   —   103

46. Le paysan à la fourche.   —   103

47. La paysanne aux deux pots.   —   104

48. Le fou et la femme.   —   104

49. Le hallebardier à cheval.   —   104

50. Les trois soldats. 1525.   —   105

51. L'enfant et le rinceau d'ornemens.   —   105

52. Le génie tenant un écusson.   —   105

53. Les armoiries au coq.   —   106

54. Les trois enfans debout en triangle.   —   106

55. Montant d'ornemens.   .   .   VIII. p. 106
56. Panneau d'ornemens. .   .   .   —   107
57. Les armoiries de Jerôme Baum-
    gartner.   .   .   .   .   .   —   107
58. Vignette.   .   .   .   .   .   —   108
59 Vignette.   .   .   .   .   .   —   108
60. Portrait de l'empereur Charles V.
    1531.   .   .   .   .   .   .   —   109
61. Portrait de l'empereur Ferdi-
    nand I. 1531.   .   .   .   .   —   109
62. Portrait de Louis duc de Bavière.   —   110
63. Portrait d'Erasme Balderman. 1535.   —   110
64. Portrait de Leonard d'Eckh. 1527.   —   111

32. **BP**   .   .   .   .   .   IX.   544
    1. Le baiser. 1571.   .   .   —   544

33. *CB*   .   .   .   .   IX.   487
    1. Jésus Christ expirant sur la croix.   —   487

34. **PG**   .   .   .   .   .   IX.   575
    1. Le paysan et sa femme. 1589.   —   575

35. **DH**   .   .   .   .   IX.   42
    1. Le porte-enseigne.   .   .   —   42

36. **BTH**   .   .   .   .   VI.   398
    1. Paysage.   .   .   .   .   —   398

37. **B. BI. BH**   .   .   .   IX.   532

Sujets pieux.

    1. Adam et Eve.   .   .   .   .   —   532

2. Jésus Christ à la croix, entre les
deux larrons. . . . . IX. p. 533
3. S. Jacques le majeur. . . . — 534

Sujets profanes.

4-15. Les travaux d'Hercule. Suite de
douze estampes. . . . . — 534
4) Hercule défait les Centaures. . — 534
5) Il perce de ses flèches Nessus. — 534
6) Lycas lui remet la chemise trempée dans le sang de Nessus. . — 534
7) Hercule enlève Jole. . . — 534
8) Il arrache le chien Cerbère de
l'enfer. . . . . . — 534
9) Il punit la perfidie de Laomédon. — 534
10) Il abbat l'hydre de Lerne. . — 535
11) Il place deux colonnes au dé-
troit de Gades. . . . — 535
12) Il tue Cacus. . . . . — 535
13) Il étouffe Anthée. . . . — 535
14) Il terrasse le lion de la forêt
de Nemée. . . . . — 535
15) Il se brûle sur un bûcher. . — 536
16-19. Les quatre élémens. Suite de
quatre estampes. . . . — 536
16) L'eau. 1569. . . . — 536
17) L'air. . . . . — 536
16) La terre. . . . . — 537
19) Le feu. . . . . — 537
20. Le berger. 1570. . . . — 537

Portraits.

21. Jean Calvin. 1574. . . . — 537
22. Caspar Cruziger. 1571. . . — 538

23. Mathias Flach. 1571. . . IX. p. 538
24. Juste Jonas. 1571. . . . — 539
25. Martin Luther. (C'est le même
    que le suivant Nr. 31). . . — 539
26. Caspar Peucer. 1575. . . . — 539
27. Erasme Sarcerius. 1565. . — 540
28. Virgile Solis. . . . . — 541
29. Théophraste Paracelse. 1572. . — 541
30. Udalric Zwingel. . . . — 542
31. Martin Luther. . . . — 543
32. Erasme de Rotterdam. 1577. . — 543

Gravure en bois.

33. Deux seigneurs allemands, ac-
    compagnés de leurs maîtresses. — 543

38. BHH . . . IX. 485
    1. Le jugement de Salomon. 1565. — 485
    2. Sophonisbe. 1564. . . — 485

39. BSB . . IX. 545
    1. Le jugement de Paris. 1570. — 545

40. B M. BHM . VI. 392
    1. Le jugement de Salomon. . — 392
    2. Repos en Egypte. . . . — 393
    3. La Vierge couronnée. . — 393
    4. S. Barbe. . , . . — 394

41. BP. . . . . VIII. 20
    1. L'enfant prodigue. . . — 20

56   TABLE GÉNÉRALE.

42. B ⚭ R.   .   .   .   VI. p. 394

1. L'adoration des rois.   .   .   —   395
2. La femme adultère.   .   .   .   —   395
3. La Vierge à la salle au rez de
   chaussée.   .   .   .   .   .   —   395
4. La Vierge assise sur un banc de
   gazon.   .   .   .   .   .   —   396
5. S. Marguerite.   .   .   .   .   —   397

43. ҍⅩ𝔰   .   .   .   .   VI.   68

1-12. La passion de Jésus Christ. Suite
   de douze estampes.   .   .   .   —   69
   1) J. C. à la montagne des oliviers.   —   69
   2) La prise de Jésus Christ.   .   —   69
   3) J. C. devant le grand-prêtre.   .   —   70
   4) La flagellation.   .   .   .   —   70
   5) Le couronnement d'épines.   .   —   70
   6) Jésus Christ devant Pilate.   .   —   70
   7) J. C. présenté au peuple.   .   — .   71
   8) Le portement de la croix.   .   —   71
   9) Le crucifiement.   .   .   .   —   71
   10) La sépulture.   .   .   .   —   72
   11) La descente aux limbes.   .   —   72
   12) La résurrection.   .   .   .   —   72
13. Le cavalier avec la dame en
   croupe.   .   .   .   .   .   —   72
14. Le paysan à la masse d'armes.   —   73
15. L'enfant dans le bain.   .   .   —   73
16. L'enfant nud, assis.   .   .   .   —   74
17. Le paysan à l'ail.   .   .   .   —   74
18. L'enfant auprès du petit pot.   .   —   74
19. Le concert.   .   .   .   .   —   75

20. La brouette. . . . VI. p. 75
21. Les deux amans. . . . — 76
22. Les sauvages. . . . — 76

44. **B** Graveur en bois. . . IX. 424
Beham, Barthélemy. Voyez Nr. 31.
Beham, Hans Sebald. Voyez Nr. 155.
Beytler, Mathias. Voyez Nr. 219.
Bink, Jacques. Voyez Nr. 116.
Bocholt, François de. Voyez Nr. 91.
Bock, Jéremie. . . . . IX. 598
  1. Portrait de l'empereur Rodol-
     phe II. 1598. . . . — 598
Brosamer, Hans. Voyez Nr. 112.
Burgmair, Hans. Voyez Nr. 114.

C.

45. CB. . . . . VIII. 533
  1. David. 1531. . . . — 534
  2. Le criminel obtenant grace. 1531. — 534
  3. Charles V. et Ferdinand son frère. — 534
  4. Vignette. 1531. . . . — 535
  5. Vignette au fauconnier. . . — 535

46. **CB** . . . . IX. 431

Gravure en bois.

  1. Portrait de Justin Gobler. . — 431

47. €€ Lugd. B. . . . IX. p. 44
  1. Le massacre des innocens. . — 44
  2. Jésus Christ prêchant à ses disciples. — 44
  3-9. Les planètes. Suite de sept es-
    tampes. . . . . . — 45
    3) Le soleil. . . . — 45
    4) Saturne. . . . . — 45
    5) Jupiter. . . . . — 46
    6) Mars. . . . . — 46
    7) Vénus. . . . . — 46
    8) Mercure. . . . — 46
    9) La lune. . . . . — 46
  10. La justice. . . . . — 47
  11. L'histoire de trois frères. . — 47

48. ℭℱ . . . . . IX. 584
  1. La S. Vierge. 1595. . . . — 584
  2. Pièce allégorique. 1595. . . — 585

49. ℭℱ . . . . . . IX. 425

Gravures en bois.

  1. L'histoire de Jésus Christ. Suite de
    vingt et une pièces. . . . — 425
  2. Portrait de quelque général d'armée. — 425

50. ℭℱ . . . . . . IX. 16
  1-7. Les planètes. Suite de sept es-
    tampes. . . . . . — 16
    1) Saturne. . . . . — 16
    2) Jupiter. . . . . — 16

3) Mars. . . . . . . IX. p. 16
4) Le soleil. . . . . . — 17
5) Vénus. . . . . . — 17
6) Mercure. . . . . — 17
7) La lune. . . . . — 17

51. **CG.** . . . IX. 399

Gravure en bois.

1. Une danse de démons. . — 399

52. **CH** . . . VII. 494

Gravure en bois.

1. S. George. . — 494

53. **CI** . IX. 404

Gravures en bois.

1. Un chariot chargé de tonneaux
   de vin. . . . . . — 405
2. Vue de la ville de Belgrade. . — 405
3. Vue de la ville de Florence. . — 405
4. Vue de la ville de Jérusalem. . — 405
5. Vue de la ville de Landau. . — 405

54 **CK.** . . . . . IX. 37

1. Montant d'ornemens. 1534. . — 37

55. **CL.** . . . . . IX. p. 435

Gravure en bois.

1. La pentecôte. . . . . — 435

56. 𝓒𝓜 . . . . IX. 490
  1-5. Les cinq disciples. D'après Albert Durer. Suite de cinq pièces. — 490
  1) S. Philippe. . . . — 490
  2) S. Barthélemy. . . . — 491
  3) S. Thomas. . . . — 491
  4) S. Simon. . . . . — 491
  5) S. Paul. . . . . — 491

57. **CM.** . . . . IX. 417

Gravure en bois.

1. Les vierges sages et les vierges folles. Grand morceau de six pièces collées en largeur. . . — 418

58. 𝓒𝓐 Corneille Matsys. IX. 97

Sujets de l'ancien Testament.

1-6. L'histoire de Tobie. Suite de six estampes. . . . . . — 98
  1) Le vieux Tobie va chercher le cadavre de l'homme étranglé. — 98
  2) Il devient aveugle. . . . — 98
  3) Le depart du jeune Tobie. . — 98

TABLE GÉNÉRALE. 61

4) Le jeune Tobie prend un grand poisson. . . . . . IX. p. 99

5) Il met une partie du foie du poisson sur des charbons ardens. — 99

6) Il rend la vue à son père. . — 99

7. Bethsabée au bain. 1549. . . — 99

8-19. L'histoire de Samson. Suite de douze estampes. . . . — 100

8) L'ange annonçant à la femme de Manué la naissance d'un enfant. . . . . . — 100

9) L'ange disparoissant à Manué et à sa femme. . . . . — 101

10) Samson déchire le lion. . — 101

11) Samson trouvant un essaim d'abeilles dans la gueule du lion. — 101

12) Samson découvre à son épouse l'enigme qu'il avoit proposé aux Philistins. . . . — 101

13) Samson est empêché de voir sa femme. . . . . — 101

14) Samson mettant le feu aux champs de blé des Philistins. — 102

15) Les Thamnatéens brûlant la femme de Samson et son père. — 102

16) Samson tuant mille Philistins avec une mâchoire d'âne. . — 102

17) Samson portant les portes de — 102
la ville de Gaza. . . . — 103

18) Dalila coupant les cheveux à Samson. . . . . . — 103

19) La mort de Samson. . . — 103

20. Sujet de la bible. . . . — 103

62   TABLE GÉNÉRALE.

21. Melchisedech rencontrant Abraham. . . . . . . IX. p. *104*

Sujets du nouveau Testament.

22. Les noces de Cana. 1550. . — 104
23. La transfiguration. . . . — 105
24. Jésus et la Samaritaine. . . — 105
25. Le bon pasteur. . . . — 105
26-33. La vie de S. Jean Baptiste.
Suite de huit estampes. . . — 106
   26) L'ange prédisant à Zacharie la
   naissance de S. Jean Baptiste. 1550. — 106
   27) La naissance de S. Jean Baptiste. 1550. . . . . . — 106
   28) S. Jean montrant J. C. 1550. — 107
   29) S. Jean baptisant Jésus Christ
   dans le Jourdain. 1550. . . — 107
   30) S. Jean dans la prison. 1550. — 107
   31) Hérodiade allant chercher la
   tête de S. Jean Baptiste. 1550. — 108
   32) La décollation de S. Jean Baptiste. 1550. . . . . — 108
   33) La sépulture de S. Jean Baptiste. 1550. . . . . — 108
34-37. Les quatre évangélistes. Suite
de quatre estampes. . . — 109
   34) S. Matthieu. . . . . — 109
   35) S. Marc. . . . . — 109
   36) S. Luc. . . . . — 109
   37) S. Jean. . . . . . — 109

Sujets profanes.

38-46. Les vertus, représentées par
des figures de femmes. Suite de
neuf estampes. . . . — 110

38) La Foi. . . . . . IX. p. 110
39) L'Espérance. . . . . . — 110
40) La Charité. . . . . — 110
41) La Justice. . . . . — 110
42) La Patience. . . . . — 111
43) La Tempérance. . . . — 111
44) La Prudence. . . . — 111
45) La Force. . . . . — 111
46) La Connoissance des choses divines. . . . . . — 112
47. L'Eté. 1548. . . . . — 112
48. La Peste. . . . . . — 112
49. Vénus et l'Amour. 1549. . . — 113
50. Mars et Vénus. 1549. . . — 113
51. Le paysan amoureux. . . — 114
52. La paysanne jalouse. 1549. . — 114
53. Les quatre aveugles. . . . — 114
54. Dessein d'une poignée d'épée. . — 115
55. Vignette. 1550. . . — 115
56. Panneau d'arabesques. . . — 115
57. Les portraits d'Ernest, comte de Mansfeld, et de Dorothée son épouse. . . . . . — 116
58. Portrait de Henri, roi d'Angleterre. 1544. . . . . — 116

59. Ce numéro offre dans les planches des monogrammes une variation des chiffres de *C. Maurer*, Nr. 222 des monogrammes.

60. Cor. Met. . . . . IX. 90
1. La pêche miraculeuse. . . — 90
2. La justice et la prudence. . . — 91

3-14. Les danseurs boiteux. Suite de douze estampes. . . . . IX. p. 91
  3) Couple de danseurs boiteux. . — 91
  4) Autre. . . . . . . — 92
  5) Autre. . . . . . — 92
  6) Autre. . . . . . — 92
  7) Autre. . . . . . — 92
  8) Autre. . . . . . — 92
  9) Autre. . . . . . — 93
  10) Autre. . . . . . — 94
  11) Autre. . . . . . — 94
  12) Autre. . . . . . — 94
  13) Autre. . . . . . — 94
  14) Autre. . . . . . — 95
15. Les quatre aveugles. . . . — 95
16. Le repas des gueux. . . . — 95
17. Les querelles des gueux. . . — 96
18. Le jeune ivrogne. . . . — 97

61. ☩   . . . . . VIII. 474

Gravure en bois.

1. La Trinité. . . . . . — 474

62. CS. . . . . IX. 558

1. La décollation de S. Jean Baptiste. — 558
2. Barthélemy Rosini. 1583. . . — 558

63. CS. . . . . IX. 412

Gravures en bois.

1. Portrait de l'Empereur Charles V. — 412
2. Vue de la ville de Rome, en 1549. — 413

D.

66. Graveur en bois. IX. p. 421

67. IX. 432

Gravure en bois.

1. Une famille allemande assemblée
au pied d'un crucifix. — 432

68. D ✠ H. D. Hopfer. VIII. 473

Ancien testament.

1-2. Adam et Eve. — 473
3. David coupant la tête à Goliath. — 473

Sujets de l'histoire de Jésus Christ.

4. J. C. rendant témoignage de son
père, en présence de ses disciples. — 473
5. Jésus Christ tenant un sermon sur
la puissance de sa chair et de son
sang. — 474
6. Jésus Christ enseignant à ses apôtres à connoître les faux prophètes. — 474
7. La femme accusée d'adultère. — 474
8. J. C. se séparant de la S. Vierge. — 474
9. Pilate jugeant Jésus Christ. — 475
10. Jésus Christ à la croix. Dans un
médaillon. — 475
11. Jésus Christ à la croix. — 475

12. Jésus Christ à la croix. . .   VIII. p. 475

13. Crucifix placé dans une niche dé-
corée d'architecture. . . .   —   475

14. Le centenir perçant le corps de
J. C. attaché sur la croix. .   —   475

15. Jésus Christ paroissant dans sa
gloire, pour juger les vivans et les
morts. . . . . .   —   476

16. Le suaire. . . . .   —   476

17. Une espèce de reliquaire avec la
Vierge ayant le corps de Jésus
Christ sur ses genoux. . .   —   476

18. Le Sauveur entouré de tous les
Saints. . . . .   —   477

19. Jésus Christ bénissant la Vierge,
entouré de Saints et Saintes représentés debout dans des stalles.   —   477

20. Un frontispice d'architecture orné
des figures de Dieu le père, du Sau-
veur, de la Vierge et de S. Jean. etc.   —   478

21. Autre frontispice d'architecture,
où l'on voit vers en bas la famille
de Jésus Christ. . . . .   —   478

Paraboles et sujets symboliques de la bible.

22. Représentation des versets 34 et
38 du X chapitre de Matthieu. .   —   479

23. Dieu répandant sa bénédiction sur
celui qui vend son blé. etc. .   —   479

24. Emblèmes sur le diligent et le
fainéant etc. . . . .   —   479

25. La parabole de la paille et de la
poutre dans l'oeil. . . .   —   480

26. La parabole de la prière du pharisien et du publicain. . . VIII. p. 480

27. La parabole de l'offrande de la veuve. . . . . . — 480

28. Les huit articles de l'oraison dominicale. . . . . — 480

29. Le triomphe de Jésus Christ maître de la vie et de la mort éternelle. — 480

30. Représentation de trois proverbes de Salomon. . . . . — 481

31. Les vices que Jésus Christ reproche aux scribes etc. en huit compartimens. . . . . — 481

32. Jésus Christ donnant la missiou à ses Apôtres. . . . — 481

33. Le symbole des Apôtres. . . — 482

Sujets de Vierges.

34. La Vierge présentée au temple. — 482

35. La Vierge debout. Dans une forme ronde. . . . . — 482

36. La Vierge assise, accompagnée d'une Sainte. Dans une forme ronde. — 483

37. La Vierge au milieu d'un rond rempli d'ornemens. . . . — 483

38. La Vierge à mi-corps. . . — 483

39. La Vierge assise sous un portique, et accompagnée de S. Elisabeth. — 483

40. La Vierge entourée d'anges qui dansent. . . . . . — 483

Saints et Saintes.

41. S. George. . . . . — 484

42. S. Paul. . . . — 484

43. S. Sebastien.   .   .   .   .   VIII. p. 484
44. Le mariage de Ste. Catherine. . .   —   484
45. Une Sainte assise sur un trône.   —   484

Sujets profanes.

46. Vénus accompagnée de l'Amour.   —   485
47. Combat entre trois Tritons.   .   —   485
48. Combat entre deux Tritons ayant
        leurs femmes en croupe.   .   .   —   485
49. Des Faunes et Satyres faisant la
        vendange. .   .   .   .   .   —   485
5o. Lucrèce se perçant le sein.   .   —   486
5r. La femme, à laquelle le peuple
        de Rome vient allumer la chan-
        delle. .   .   .   .   .   .   —   486
5a. La mort et le démon surprenant
        une femme.   .   .   .   .   —   486
53-55. Trois planches d'après Hans
        Burgmaier.   .   .   .   —   486
    53) Les trois bons payens. .   .   —   486
    54) Les trois bons juifs.   .   .   —   486
    55) Les trois bons chrétiens.   .   —   486
56-6o. Les cavaliers orientaux. Suite
        de cinq estampes.   .   .   .   —   487
    56) Un trompette et deux joueurs
        de haut-bois. .   .   .   .   —   487
    5y) Trois Mammelus. .   .   .   —   487
    58) Soliman, accompagné d'un
        soldat. .   .   .   .   .   —   487
    5g) Trois Turcs.   .   .   .   —   487
    6o. Trois Arabes.   .   .   .   —   487
61. Trois soldats allemands, armés
        d'hallebardes. .   .   .   .   —   487

62. Un soldat armé d'une lance, accompagné de sa femme.   VIII. p. 487

63. Soldat armé d'un espadon, accompagné d'une femme.   —   488

64. Un soldat armé d'un fusil, au milieu de deux autres soldats.   —   488

65. Trois soldats armés de différentes armes.   —   488

66. Un porte-enseigne, un tambour, un fifre et deux soldats.   —   488

67. Un enseigne se défendant contre des soldats.   —   489

68. Trois paysans s'entretenant ensemble.   —   489

69. Une femme près d'un homme qui chante. Dans un rond.   —   489

70. Un homme embrassant une femme.   —   490

71. Trois vieilles femmes maltraitant le démon.   —   490

72. Un homme et une femme contrefaits dansant ensemble.   —   490

73. Six hommes mal-faits dansant autour d'une vieille femme.   —   490

74. Fête de village.   —   490

Médailles et Portraits.

75. Jules César.   —   491

76. Néron.   —   491

77. Galba.   —   491

78. Quinze têtes d'hommes, dans des médailles.   —   491

79. L'Emp. Maximilien I.   —   491

80. Charles V.   —   492

81. François I, roi de France.   —   492

82. Le pape Clement. VII.   .   .   VIII. p. 492
83. Le pape Adrien VI.   .   .   . .   —   492
84. Le pape Leon X.   .   .   .   —   492
85. Hieronimo.   .   .   .   .   —   493
86. Martin Luther.   .   .   .   .   —   493
87. Soldat allemand assis. Conrad von
    der Rose.   .   .   .   —   493

Desseins d'ornemens.

88. Un panneau d'ornemens et deux
    gaines.   .   .   .   .   .   —   494
89. Le panneau aux deux paons.   .   —   495
90. Deux panneaux sur une même
    planche.   .   .   .   .   .   —   495
91. Deux montans sur une même
    planche.   .   .   .   .   .   —   495
92. Deux panneaux séparés par une
    bande ornée de roses.   .   .   —   496
93. Une plante d'acchante.   .   .   —   496
94. Un compartiment de caisses rem-
    plies de roses d'ornemens.   .   .   —   496
95. Une forme carrée, divisée en huit
    parties avec des ornemens.   .   —   496
96. Panneau aux deux Satyres debout
    sur des chiens.   .   .   .   .   —   497
97. Montant aux deux Satyres qui
    sonnent de cors.   .   .   .   —   497
98. Montant aux deux hommes qui
    jouent du luth.   .   .   .   .   —   497
99. Deux montans sur une même
    planche.   .   .   .   .   .   —   497
100. Panneau à la Vierge adorée par
    deux anges.   .   .   .   .   —   498

101. Panneau à la femme qui tient un luth. . . . . . . VIII. p. 498

102. Ornemens à l'aigle ayant un bouclier sur la poitrine. . . — 498

103. La frise au dieu marin vis-à-vis d'une Sirène. . . . . — 499

104. La frise au génie ailé et au cheval marin. . . . . . — 499

105. La frise à l'homme armé d'un trident. . . . . . — 499

106. Deux moitiés de panneaux, sur une même planche. . . . — 499

107. Divers ornemens, en seize compartimens égaux. . . . — 500

108. Autre planche semblable. . — 500

109. Composition d'ornemens. . — 500

110. Dix frises rangées l'une au-dessus de l'autre. . . . — 500

111. Quatre frises rangées l'une au-dessus de l'autre. . . . — 500

112. Trois bandes d'ornemens, rangées l'une au-dessus de l'autre. . — 501

113. Quatre frises rangées l'une au-dessus de l'autre. . . . — 501

114. Grande vignette au centaure et à sa femelle. . . . . — 501

115. Vignette aux deux Sphinx aux deux côtés d'un vase. . . — 502

116. Le nom de Jésus en lettres ornées. — 502

117. Un alphabet en lettres romaines. — 502

118. Autre alphabet semblable. . — 501

119. Autre alphabeth en lettres romaines. . . . . . — 502

120. Autre alphabet en lettres romaines.   .   .   .   .   .   VIII. p. 502
121. Dessein d'une fontaine.   .   .   —   503
122. Dessein d'un soleil d'orfévrerie.   —   503
123. Autre dessein semblable.   .   —   503
124. Dessein d'un tabernacle.   .   —   503
125. Dessein d'un bureau. 1527.   .   —   503
126. Trois fontaines à laver les mains,
sur une même planche.   .   .   —   504
127. Douze fontaines à laver les mains.   —   504
128. Un chapiteau et une base de colonne.   .   .   .   .   .   —   504
129. Deux trophées d'armes.   .   .   —   504
130. Un trophée d'armes.   .   .   —   504
131. Cinq desseins de gaines.   .   .   —   505
132. Deux espèces de candelabres.   .   —   505
133. Composition de têtes très hideu-
ses d'animaux chimériques.   .   —   505

69. **DK.** **DK.**   .   .   .   IX.   392

Gravures en bois.

Pièces qui se trouvent dans la cosmographie de Sebastien Munster.   —   392
1. Une mappe-monde.   .   .   .   —   392
2. Vue de la ville d'Acon.   .   .   —   392
3. Vue de la ville de Haute-Bade en
Helvétie.   .   .   .   .   .   —   392
4. Vue de la ville de Constantinople.   —   392
5. Vue de la ville de Lubeck.   .   —   393
6. Vue de la ville de Lunebourg.   .   —   393
7. Vue de la ville de Treves.   .   —   393

8. Vue d'un pays moutueux, orné de quelques chamois.   IX. p. 393

9. Vue d'une ville.   —   393

10. Vue de l'hôtel du parlement de Paris.   —   393

11. Plusieurs canons et mortiers.   —   393

12. Un nègre debout.   —   394

13. Deux jouteurs d'un tournoi.   —   394

14. Janus.   —   394

15. Un boeuf.   —   394

16. Un cerf et une biche.   —   394

17. Un rhinocéros.   —   394

18. L'intérieur de l'église de Grenade.   —   395

19. L'interieur de la rotonde à Rome.   —   395

20. Statue d'Hercule.   —   395

70. DR.   IX.   398

Gravures en bois.

1. Vue de la ville de Strasbourg.   —   398

2. Plan perspectif de la ville de Babylone.   —   398

71. DR   IX.   495

1. Le souvenir de la mort. 1563.   —   495

72. S   —   479

1. Le jugement de Salomon. 1559.   —   479

2. Le mauvais riche. 1559.   —   479

3. Chasse au cerf.   —   480

4. Chasse au sanglier.   —   480

73.   .   .   .   .   .   IX. p. 573

   1. Les paysans au marché. 1584.   .   —   573

74.   .   .   .   .   .   IX.   162

Gravure en bois.

   1. Un crucifix.   .   .   .   .   —   162

75.   D ✶ V. Thiery van Star.   .   .   .   VIII.   26

   1. Eve et le petit Caïn. 1522.   .   —   27

   2. Le déluge. 1544.   .   .   .   —   27

   3. Jesus Christ appellant à lui S. Pierre et S. André. 1523.   .   .   .   —   27

   4. S. Pierre marchant sur l'eau. 1525.   —   28

   5. J. C. tenté par le démon. 1525.   .   —   28

   6. J. C. et la Samaritaine. 1523.   .   —   28

   7. La Vierge et S. Anne. 1522.   .   —   29

   8. S. Bernard. 1524.   .   .   .   —   29

   9. S. Luc peignant le portrait de la Vierge. 1526.   .   .   .   —   30

  10. S. Elisabeth. 1524.   .   .   .   —   30

  11. Vénus. 1524.   .   .   .   —   30

  12. Le Faune. 1522.   .   .   .   —   31

  13. L'homme au poisson chimérique 1522.   .   .   .   .   —   31

  14. L'orfevre. .   .   .   .   .   —   32

  13. L'homme dormant. 1523.   .   —   32

  16. Le tambour ivre. 1525.   .   .   —   33

  17. Le tambour et l'enfant. 1523. .   —   33

  18. L'homme tenant un écusson d'armes. 1522. .   .   .   .   —   34

19. La femme tenant l'écusson. 1525.   VIII.   p 34

Deutsch, Hans Rodolphe Emanuel.
    Voyez Nr. 150.

Deutsch, Nicolas Emanuel. Voyez
    Nr. 258.

Durer, Albert. Voyez Nr. 9.
Duvet, Jean. Voyez Nr. 172.

E.

76. E. A. 1506.   .   . VII.   516
    1. Femme tenant un écusson d'ar-
    mes. 1506.   .   .   .   .   .   —   416

77. F C.   .   .   .   . VIII.   5
    1. S. Jerôme. .   .   .   .   .   —   5

78 E. H. Erasme Hornick. IX.   499
    1. Desseins de vases. Suite de dix-
    huit pièces. 1565.   .   .   .   —   499

79. ℛ℮   .   .   .   .   . IX.   240
    1. Les soldats jouans.   :   .   .   —   240

80. ℰ Erhard Schön.   . VII   475

        Gravures en bois.
    1-12. Les douze Apôtres. Suite de
    douze pièces.   .   .   .   .   —   476

1) S. Pierre. . . . . VII. p. 476
2) S. André. . . . . — 477
3) S. Jacques le majeur. . . — 477
4) S. Jean. . . . . — 477
5) S. Philippe. . . . — 477
6) S. Barthélemy. . . . — 477
7) S. Matthieu. . . . — 479
8) S. Thomas. . . . — 477
9) S. Jacques le mineur. . . — 477
10. S. Simon. . . . . — 477
11) S. Judas Thaddée. . . — 477
12) S. Mathias. . . . . — 478
13-32. Différens Saints et Saintes. Suite de vingt pièces. . . . — 478
13) S. Antoine l'érmite. . . — 478
14) S. Christophe. . . . — 478
15) S. Coloman. . . . — 478
16) S. François d'Assise. . . — 478
17) S. Grégoire. . . . — 479
18) S. Jean Baptiste. . . — 479
19) S. Sébastien. . . . — 479
20) Un S. évêque portant le mo-
  dèle d'une église. . . . — 479
21) La S. Vierge immaculée. . 479
22) La Vierge de douleurs. . . — 479
23) S. Agnès. . . . — 479
24) S. Anne. . . . — 479
25) S. Apollonie. . . — 479
26) S. Barbe. . . . — 480
27) S. Catherine. . . — 480
28) S. Dorothée. . . — 480
29) S. Madelaine. . . — 480
30) S. Odilie. . . . — 480
31) La Véronique. , . . — 480

32) Une Sainte tenant un javelot.   VII.   p. 480

33. Un homme armé de toutes pièces, représenté assis. 1524.   —   480

34. Traité sur la proportion des figures humaines. etc. 1524.   —   480

81.   Œ S   Le graveur de l'an 1466.   VI.   1

Sujets de la bible.

1. Le créateur et les deux premiers hommes.   —   4

2. Dalila coupant les cheveux à Samson.   —   4

3. Le même sujet, traité différemment.   —   5

4. David tuant un lion.   —   5

5. Le même sujet, traité différemment.   —   5

6. Le même sujet, traité différemment.   —   6

7. Le jugement de Salomon.   —   6

8. Salomon adorant les idoles.   —   7

9. L'annonciation.   —   7

10. La visitation.   —   7

11. La nativité.   —   8

12. Le même sujet.   —   9

13. Le même sujet.   —   10

14. Les trois rois adorant l'enfant Jésus.   —   10

15-26. La passion de Jésus Christ. Suite de douze estampes.   —   11

15) Jésus Christ à la montagne des oliviers.   —   11

16) La prise de Jésus Christ.   —   11

17) Jésus Christ devant le grand-
   prêtre. . . . . VI. p. 11
18) La flagellation. . . — 11
19) Le couronnement d'épines. . — 11
20) Jésus Christ amené à Pilate. — 12
21) Jésus Christ présenté au peuple. — 12
22) Le portement de la croix. . — 12
23) Le crucifiement. . . — 12
24) La sépulture. . . — 12
25) La descente aux limbes. . — 12
26) La résurrection. . . — 12
27. La pentecôté. . . . — 12

Vierges, Saints et autres sujets pieux.

28. La Vierge. . . . . — 13
29. La Vierge. . . . . — 14
30. Répétition de ce même sujet. . — 14
31. La Vierge. . . . . — 14
32. La Vierge au milieu de deux
   anges. . . . . — 15
33. La Vierge. . — 15
34. La Vierge. . . . — 16
35. Marie d'Einsidlen. 1466. . — 16
36. Marie d'Einsidlen. 1466. . — 18
37. La Trinité. . . . — 18
38-49. Les douze apôtres. Suite de
   douze estampes. . . . — 19
38) S. Pierre. . . . — 19
39) S. Jacques le majeur. . — 19
40) S. André . . — 19
41) S. Jean. . . . — 20
42) S. Jacques le mineur. . — 20
43) S. Simon. . . . — 20

80   **TABLE GÉNÉRALE.**

44) S. Philippe.	VI.	p. 20
45) S. Barthélemy.	—	20
46) S. Matthieu.	—	20
47) S. Mathias.	—	21
48) S. Judas.	—	21
49) S. Judas Thaddée.	—	21
50-62. Jésus Christ et les douze Apôtres, représentés debout. Suite de treize estampes.	—	21
50) Jésus Christ.	—	22
51) S. Pierre.	—	22
52) S. André.	—	22
53) S. Jacques le majeur.	—	22
54) S. Jean.	—	22
55) S. Philippe.	—	22
56) S. Barthélemy.	—	22
57) S. Thomas.	—	22
58) S. Judas Thaddée.	—	22
59) S. Simon.	—	23
60) S. Jacques le mineur.	—	23
61) S. Paul.	—	23
62) S. Matthieu.	—	23
63-66. Les quatre évangélistes. Suite de quatre estampes.	—	23
63) S. Luc.	—	23
64) S. Marc.	—	24
65) S. Jean.	—	24
66) S. Matthieu.	—	24
67-70. Les quatre évangélistes. Suite de quatre estampes, de forme ronde.	—	25
67) S. Luc.	—	25
68) S. Marc.	—	25
69) S. Jean.	—	25
70) S. Matthieu.	—	26

71. S. Philippe et S. Jacques le mi-
    neur. 1467.   .   .   .   VI.   p. 26

72. S. Jaques le majeur et S. Jean
    l'évangéliste.   .   .   .   —   26

73. S. Pierre. .   .   .   .   —   27

74. S. Jean Baptiste.   .   .   —   28

75. Le martyre de S. Sébastien. .   —   28

76. Le même sujet.   .   .   —   28

77. Le même sujet .   .   .   —   29

78. S. George.   .   .   .   —   29

79. S. François   .   .   .   —   30

80. Un S. Evêque. .   .   .   —   30

81. La décollation de S. Barbe. .   —   31

82. La Véronique. .   .   .   —   31

83. Le Sauveur.   .   .   .   —   31

84. Le Sauveur. 1467. .   .   —   32

85. L'enfant Jésus au bain. .   .   —   32

86. Le S. Suaire. 1467.   .   .   —   33

87. Dieu donnant la bénédiction à
    la Vierge.   .   .   .   —   33

88. Ecusson d'armes avec les instru-
    mens de la passion. .   .   —   34

89. Le même sujet .   .   .   —   34

Sujets profanes.

90. Le banquet amoureux.   .   .   —   35

91. Le guerrier et la femme qui tient
    un étendard.   .   .   .   —   36

92. La femme tenant l'écusson
    d'armes.   .   .   .   .   —   36

93. La jeune licorne.   .   .   —   37

94-109. Les lettres de l'Alphabet,
    composées de différentes figures

82 TABLE GÉNÉRALE.

et animaux grotesques. Suite de
seize estampes. . . . . VI. p. 37
110. Rinceau d'ornemens. . . — 43
111. Rinceau d'ornemens. . . — 43
112. Rinceau d'ornemens. . . — 44
113. Rinceau d'ornemens. . . — 44
Appendice. . . . . . — 45
Description de sept pièces qui pa-
roissent faire partie de la Suite de
quatorze estampes détaillées dans
ce catalogue sous les numéro 94-
109, et que Heinecke a attribuées
par erreur à Martin Schongauer.
(Neue Nachrichten. T. I. p. 423.
Nr. 67.) . . . . . — 50
La Vierge. Estampe connue par la
copie de *Strutt*. . . . — 52
l'Ecrevisse (le maître à). Voyez
Nr. 357.
Erlinger, George. Voyez Nr. 354.

F.

82. *t.* . . . . . VI. 399
1. Une fleur chimérique. . . — 399

83. ℍ . . . . . IX. 481
1. Le bal paré de l'empereur Maximilien I. 1561. . . — 481

£ 84. **FB.** . . . . IX. 443

Saints.

1-13. Les douze Apôtres et S. Paul. Suite de treize estampes. . .	—	443
1)	—	443
2) S. André. 1563. . . .	—	444
3) S. Jacques le majeur. 1562. .	—	444
4) S. Jean. 1563.	—	444
5)	—	444
6) S. Barthélemy. . . .	—	444
7) S. Thomas.	—	444
8) S. Matthieu.	—	444
9) S. Jacques le mineur. . .	—	444
10) S. Simon. 1563. . . .	—	445
11)	—	445
12) S. Mathias. 1562. . . .	—	445
13) S. Paul. 1562 . . .	—	445
14. S. Jean l'évangéliste. . .	—	446
15. S. Pierre. 1559. . . .	—	446

Sujets de mythologie.

16-24. Les Muses. Suite de neuf estampes.	—	446
16) Calliope. . . .	—	446
17) Clio.	—	447
18) Euterpe. . . .	—	447
19) Melpomene. . . .	—	447
20) Terpsichore. . . .	—	447
21) Erato. . . .	—	447
22) Polymnie. . . .	—	447
23) Uranie.	—	448
24) Thalie.	—	448

Sujets allégoriques.

25-36 Les douze mois de l'année.
Suite de douze estampes. . . IX. p. 448
   25) Janvier. . . . . . — 448
   26) Février. . . . . . — 448
   27) Mars. . . . . . — 448
   28) Avril. . . . . . — 449
   29) May. . . . . . — 449
   30) Juin. . . . . . — 449
   31) Juillet. . . . . — 449
   32) Août. . . . . . — 449
   33) Septembre. . . . — 449
   34) Octobre. . . . — 450
   35) Novembre. . . . — 450
   36) Décembre. . . . — 450

Sujets militaires.

37-52. Les soldats. 1559. Suite de
treize estampes. . . . — 450
   37) Un Capitaine. 1559. . . — 450
   38) Un porte-enseigne. 1559. . — 451
   39) Un tambour. 1559. . . — 451
   40) Un fifre 1559. . . . — 451
   41) Un soldat. 1559. . . — 451
   42) Autre soldat. 1559. . . — 451
   43) Autre soldat. 1559. . . — 452
   44) Autre soldat. 1559. . . — 452
   45) Autre soldat. 1559. . . — 452
   46) Autre soldat. 1559. . — 452
   47) Autre soldat. . . . — 452
   48) Autre soldat. 1559. . . — 453
   49) Autre soldat. 1559. . . — 453
   50) Autre soldat. 1559. . . — 453
   51). Autre soldat. 1559. . . — 453

52) Autre soldat. 1559.   .   .   IX. p. 453
53) Le canonnier. 1559.   .   .   —   454
54) Le trompette. 1559.   .   .   —   454
55-58. Les escrimeurs. 1559. Suite
   de quatre planches.   .   .   .   —   454
   55) Le combat. à l'hallebarde. 1559   —   454
   56) Le combat à l'espadon. 1559.   —   454
   57) Le combat au poignard. 1559.   —   454
   58) Le combat à l'épée. 1559.   .   —   454
59. Le hallebardier.   .   .   .   —   455
60. Les deux jouteurs. 1559.   .   .   —   456
61. Les deux officiers à cheval. 1559.   —   456
62. Les soldats en marche. 1559.   .   —   457

Sujets villageois.

63-74. Les noces de village. Suite de
   douze estampes.   .   .   .   .   —   457
   63) Deux musiciens.   .   .   .   —   457
   64) Deux couples de paysans et
   de paysannes qui dansent.   .   —   458
   65) Deux autres couples.   .   .   —   458
   66) Deux autres couples.   .   .   —   458
   67) Deux autres couples.   .   .   —   458
   68) Deux autres couples.   .   .   —   459
   69) Deux autres couples.   .   .   —   459
   70) Deux autres couples.   .   .   —   459
   71) Deux autres couples.   .   —   459
   72) Deux autres couples.   .   .   —   460
   73) Deux autres couples.   .   .   —   460
   74)   .   .   .   .   .   .   —   460
75. Les paysans ivres. Première plan-
   che. *Bachus.*   .   .   .   .   —   461
76. Les paysans ivres. Seconde plan-
   che. *Es muos sin.*   .   .   .   —   461

77. Les villageois et les musiciens. . IX. p. 461

Différens autres sujets.

78. La mélancolie. 1560. . . — 462
79. Les deux moines. . . . — .463
80. Les deux religieuses. . . — 463
81. La sorcière. . . . . — 463
82. La dame et la mort. . . — 464
83-86. Les bouffons. Suite de quatre estampes. . . . . — 464
  83) Un bouffon jouant de la guitare. — 464
  84) Un bouffon tenant une marotte
  de la main droite. . . . — 464
  85) Un bouffon tenant un tapon
  de la main droite. . . — 465
  86) Un bouffon tenant une cornemuse. . . . . . . — 465
87. Les culottes disputées. 1560. . — 465
88. Le sultan à cheval. 1559. . — 465
89. Deux hommes et deux femmes
tures. 1559. . . . . — 466
90. Six bustes antiques de femmes. — 466
91. Quatre bustes antiques. Première
planche. 1560. . . . . — 467
92. Quatre bustes antiques. Seconde
planche. . . . . . — 467

Sujets d'animaux.

93. L'ours. . . . . . — 467
94. Le sanglier. . . . — 468
95. Le petit cheval. . . . — 468
96-107. Chasses et autres sujets d'animaux. Suite de douze estampes. — 468
  96) Chasse au sanglier. . . — 468

97) Autre chasse au sanglier.   .   IX. p. 469
98) Chasse au cerf.   .   .   .   —   469
99) Autre chasse au cerf.   .   .   —   469
100) Chasse à l'ours.   .   .   .   —   469
101) Autre chasse à l'ours.   .   —   469
102) Chasse aux cailles.   .   .   —   470
103) Quatre cerfs et deux biches.   —   470
104) Dix lapins.   .   .   .   .   —   470
105) Dix autres lapins.   .   .   —   470
106) Cinq renards.   .   .   .   —   471
107) Sept chiens. .   .   .   .   —   471

Ornemens.

108. Les armes de la ville de Stras-
     bourg. 1560.   .   .   .   .   .   —   471
109. Montant d'ornemens au buste
     de fou.   .   .   .   .   .   —   471
110. Montant d'ornemens au buste
     de guerrier.   .   .   .   .   —   472
111. Montant d'ornemens aux trois
     oiseaux.   .   .   .   .   .   —   472

85. FB.   IX.   84

1. L'Amour vainqueur. 1544.   .   —   84

86. FG.   IX.   24

1. Mutius Scevola. 1535.   .   .   —   24
2. Mutius Scevola. 1537.   .   .   —   24
3. Alexandre et Talestris.   .   .   —   25
4. Vulcain et les Cyclopes.   .   .   —   25
5. Le bouffon et les deux couples
   d'amans.   .   .   .   .   .   —   26
6. Femme nue assise. 1537.   .   .   —   27
7. Le porte-enseigne. 1537.   .   .   —   27

8. Les deux génies et la lionne. 1537.   IX.   p. 27
9. La grande vignette à la cuirasse.   —   28
10. La petite vignette à la cuirasse.   —   28
11. La vignette à l'enfant debout. 1536.   —   29
12. La vignette à l'homme nud et armé d'un bouclier. 1536.   —   29
13. La vignette au centaure. 1536.   —   30
14. La vignette aux deux Amours. 1534.   —   30
15. La vignette au bouclier. 1534.   —   30
16. La vignette au vase entre deux génies.   —   31
17. La vignette aux trois vases.   —   31
18. Montant d'ornemens. 1534.   —   31
19. Montant d'ornemens.   —   32
20. Un Trophée.   —   32
21. Dessein de gaine.   —   33

87. FH.   IX.   89
1. Jésus Christ à la croix.   —   89

88. F L.   VIII.   12
1. La Vierge.   —   12

89. FO.   IX.   415

Gravures en bois.

1. Trois couples d'escrimeurs.   —   416

90.   VI.   66
1. La résurrection de Lazare.   —   66

2. Le corps mort de Jésus Christ. .   VI.   p. 66
3. La S. Vierge.   .   .   .   .   —   67

91. F V B. François de Bo-
cholt.

cholt.   .   .   .   .   VI.   77
1. Samson déchirant le lion. .   .   —   80
2. Le jugement de Salomon. .   .   —   81
3. L'annonciation.   .   .   .   —   81
4. La Vierge. .   .   .   .   .   —   82
5-17. Jésus Christ et les douze Apô-
    tres, représentés debout. Suite de
    treize estampes. .   .   .   .   —   82
    5) Jésus Christ.   .   .   .   —   82
    6) S. Pierre.   .   .   .   .   —   82
    7) S. André.   .   .   .   .   —   82
    8) S. Jacques le majeur.   .   .   —   82
    9) S. Jean. .   .   .   .   .   —   83
    10) S. Philippe.   .   .   .   —   83
    11) S. Barthélemy.   .   .   .   —   83
    12) S. Matthieu. .   .   .   .   —   83
    13) S. Thomas.   .   .   .   .   —   83
    14) S. Jacques le mineur.   .   .   —   83
    15) S. Simon.   .   .   .   .   —   84
    16) S. Judas Thaddée.   .   .   —   84
    17) S. Mathias.   .   .   .   .   —   84
18-29. Les douze Apôtres. Suite de
    douze estampes.   .   .   .   —   84
    18) S. Pierre.   .   .   .   .   —   84
    19) S. André.   .   .   .   .   —   84
    20) S. Jacques le majeur.   .   .   —   85
    21) S. Jean.   .   .   .   .   —   85
    22) S. Philippe.   .   .   .   .   —   85
    23) S. Barthélemy.   .   .   .   —   85

24) S. Matthieu. .   .   .   .   VI.   p. 85
25) S. Thomas. .   .   .   .   —   85
26) S. Jacques le mineur. .   .   —   85
27) S. Simon. .   .   .   .   —   85
28) S. Judas Thaddée. .   .   —   85
29) S. Paul. .   .   .   .   —   85
30. S. Michel. .   .   .   .   —   86
31. S. Jean Baptiste. .   .   —   86
32. S. Antoine. .   .   .   .   —   86
33. S. George. .   .   .   .   —   87
34. S. Barbe. .   .   .   .   —   87
35. Deux paysans en querelle. .   —   88
36. Le moine et la fileuse. .   .   —   88
37. Le soldat combattant. .   .   —   88
38. Rinceau d'ornemens. .   .   —   89

92. **FT.** .   .   .   .   IX.   547

1. La résurrection de J. C. 1573. .   —   547

93. **F. W. D.** .   .   IX.   548

1. Laurent Durnhofer. 1577.   .   —   548
Frig, Louis. Voyez Nr. 207.

G.

94.   (monogram) .   .   .   .   IX.   17
1. Adam et Eve. 1534. .   .   —   17
2. Galathée. 1537. .   .   .   —   17
3. Les deux amans. 1535. .   .   —   18
4. Le porte-enseigne. 1536. .   .   —   18
5. Buste de femme. 1536. .   .   —   19
6. L'ours. 1534. .   .   .   —   19

7. Montant d'ornemens d'orfévrerie. 1534. . . . . IX. p. 19
8. Gaine de couteau. 1535. . . — 20
9. Portrait de Simon Pistorius. 1535. . — 20
10. Portrait de George Duc de Saxe.
1536. . . . . . — 20

95. . . . . . VII. 472

Gravure en bois.

1. S. Jerôme. 1520. . . . — 472

96. Ce numéro offre dans les planches des monogrammes une variation des chiffres du maître au
monogramme Nr. 86.

97. G. G. . . . . .. IX. 428

Gravures en bois.

1. Une Sainte accompagnée d'un
enfant. . . . . — 428
2-5. Quatre sujets offrant la con-
damnation d'un homme. . — 429
2) Il est saisi par un homme. . — 429
3) Il implore la justice d'un roi. — 429
4) La main droite liée derrière le
dos, il est à genoux devant
un roi. . . . . — 429
5) Il est traîné dans un cachot. — 429

98. G H. . . . IX. 494

1. S. Eustache. . . . — 494

99. ℭℜP . . . . IX. p. 33
  1. Le hibou. 1534. . . — 33
  2. Montant d'ornemens. . . — 34
  3. Montant d'ornemens. . . — 34
  4. Montant d'ornemens. 1533. . — 34
  5. Montant d'ornemens. 1533. . — 35
  6. Montant d'ornemens. 1533. . — 35
  7. Montant d'ornemens. . . — 35
  8. Judith. 1533. . . . — 36
  9. Montant d'ornemens. . . — 36

100. G L. . . . . VII. 487

Gravure en bois.

  1. S. Luc. . . . . — 487

101. G. L. ℭ . . IX. 434

Gravures en bois.

  1-16. Différens sujets de l'ancien testament. Suite de seize pièces. . — 434

102. ℗ George Pencz. . VIII. 319

Sujets de l'ancien testament.

  1-5. L'histoire d'Abraham. Suite de cinq pièces. . . . — 321
    1) Sara présentant Agar à Abraham. — 321
    2) Abraham servant les trois anges à table. . . . — 321

3) Abraham renvoyant Agar. .	VIII. p.	321
4) Isaac accompagnant son père.	—	321
5) Le sacrifice d'Abraham. . .	—	321
6. Abraham caressant Agar. . .	—	322
7. Job.	—	322
8. Esther.	—	322
9-12. L'histoire de Joseph. Suite de quatre estampes. . . .	—	323
9) Joseph raconte ses songes. 1544.	—	323
10) Ses frères le descendent dans une citerne. 1546. . .	—	323
11) Ils le vendent. 1546. . .	—	323
12) Il résiste à la femme de Putiphar. 1546. . . .	—	323
13-19. L'histoire de Tobie. Suite de sept estampes.	—	324
13) Tobie va enlever le corps mort d'un Israëlite. . . .	—	324
14) Il donne la sépulture à un Israëlite.	—	324
15) Il devient aveugle. . .	—	324
16) Le jeune Tobie amenant à son père l'ange Raphaël. . .	—	325
17) Il prend un grand poisson. .	—	325
18) Il épouse Sara. . . .	—	325
19) Il apprête une partie du foie du poisson.	—	325
20-29. Différens sujets de l'ancien testament. Suite de dix estampes.	—	326
20) Loth et ses filles. . . .	—	326
21) David et Bethsabée. . .	—	326
22) Salomon adorant les idoles. .	—	326
23) Salomon jugeant deux mères.	—	326
24) Holoferne et Judith à table.	—	327

25) Judith et sa servante qui por-
    te la tête d'Holoferne. .   .   VIII. p. 327
26) Susanne au bain. .   .   .   —   327
27) Susanne au bain, traité diffé-
    remment.   .   .   .   —   327
28) Dalila coupant les cheveux à
    Samson.   .   .   .   —   327
29) Hérodiade portant la tête de
    S. Jean sur la table d'Hérode.   —   327

Sujets du nouveau testament.

30-54. La vie de Jésus Christ. Suite
    de vingt-six estampes.   .   .   —   329
30) La naissance de Jésus Christ.   —   329
31) Sa circoncision.   .   .   —   329
32) L'adoration des rois. .   .   —   329
33) Le jeune Christ au temple. .   —   329
33 a) Les noces de Cana. .   .   —   329
34) J. C. guérissant un lépreux.   —   330
35) Il dort pendant une tempête.   —   330
36) Les ouvriers de la vigne. .   —   330
37) La parabole de la semence. .   —   330
38) J. C. guérissant l'aveugle né.   —   330
39) Il est tenté par le démon. .   —   331
40) Il guérit une femme malade
    d'une perte de sang.   .   .   —   331
41) Il délivre un jeune homme du
    malin esprit.   .   .   .   —   331
42) Il rassasie cinq mille person-
    nes avec cinq pains.   .   .   —   331
43) Les Pharisiens veulent le la-
    pider.   .   .   .   .   —   331
44) Son entrée à Jérusalem. .   —   331
45) Il lave les pieds à ses disciples.   —   332

46) L'ange annonce sa résurrection aux trois Maries.   VIII. p. 332
47) Il est à Emaüs avec deux de ses disciples.   —   332
48) Il apparoît à S. Thomas.   —   332
49) Il porte à ses disciples de l'office du bon pasteur.   —   332
50) Il instruit les apôtres de ses préceptes.   —   333
51) Il leur rend témoignage de son père.   —   333
52) Il établit S. Pierre chef de l'église.   —   333
53) Le S. Esprit descend sur les Apôtres.   —   333
54) La transfiguration.   —   333
55. La femme adultère.   —   334
56. J. C. entouré de petits enfans.   —   334
57. J. C. à la croix. 1547.   —   335
58-64. Les sept oeuvres de miséricorde. Suite de sept estampes.   —   336
58) Nourrir ceux qui ont faim.   —   336
59) Vêtir les nuds.   —   336
60) Donner à boire à ceux qui ont soif.   —   336
61) Visiter les prisonniers.   —   337
62) Loger les pélerins.   —   337
63) Soigner les malades.   —   337
64) Ensévelir les morts.   —   338
65-67) La parabole du mauvais riche. Suite de trois estampes.   —   338
65) Le mauvais riche vit dans les délices.   —   338
66) Il meurt comme il a vécu.   —   339

67) Il est précipité dans l'enfer. . VIII. p. 339

68. Le bon samaritain. 1543. . — 339

69. La conversion de S. Paul. 1543. — 339

Sujets historiques et de la fable.

70-73. Quatre sujets de la fable. Suite
de quatre estampes. . . . — 340

70) Thomiris. . . . . — 340

71) Médée. 1539. . . . — 340

72) Paris et Oenone. . . . — 340

73) Procris tuée par Céphale. 1539. — 341

74-77. Les quatre sujets de l'histoire
romaine, en hauteur. Suite de
quatre estampes. . . . — 341

74) Mutius Scevola. . . . — 341

75) Marc Curce. . . . . — 341

76) Titus Manlius. . . . — 342

77) Régulus. 1535. . . . — 342

78-81. Les quatre sujets de l'histoire
romaine, en largeur. Suite de
quatre estampes. . . . — 342

78) Tarquin et Lucrèce. . . — 342

79) Collatin. . . . . — 342

80) Horace Coclès. . . . — 343

81) Clélie. . . . . — 343

82. Sophonisbe. . . . . — 343

83. Artémise. . . . . — 343

84. Virginius. . . . . — 344

85. Didon. . . . . . — 344

86. La prise de Carthage. 1539 . — 344

87-88. Deux sujets d'un conte d'Albert d'Eyb. Deux estampes. . — 345

87) Le poëte Virgile exposé dans
un panier par une courtisane. — 346

88) La punition de cette courtisane
par Virgile. . . . . VIII. p. 346
89. Le jugement de Paris. . . — 347
90. Thétis et Chiron. 1543. . . — 347
91. Diane au bain. . . . — 348
92. Triomphe de Bacchus. . . — 348
93. Triton enlevant Amymone. . — 349
94. La rivière passée à gué . . — 349
95. Le juge. . . . . — 350
96. La femme à la harpe. 1544. . — 350
97. Le mari subjugué. . . . — 350

Sujets allégoriques.

98-104. Les sept péchés mortels. Suite
de sept estampes. . . . — 351
98) L'orgueil. . . . . — 351
99) L'avarice. . . . . — 351
100) La paresse. . . . . — 352
101) La gourmandise. . . — 352
102. L'envie. . . . . — 352
103) La colère. . . . — 352
104) L'impudicité. . . . — 352
105-109. Les cinq sens. Suite de cinq
estampes. . . . . — 353
105) L'ouie. . . . . — 353
106) La vue. . . . . — 353
107) L'odorat. . . . — 354
108) Le goût. . . . . — 354
109) Le toucher. . . . — 354
110-116. Les sept arts libéraux. Suite
de sept estampes. . . . — 355
110) La grammaire. . . . — 355
111) La dialectique. . . . — 355
112) La rhétorique. . . — 355

113) L'arithmétique. . . . VIII. p. 355
114) La musique. . . . — 356
115) La géométrie. . . . — 356
116) L'astrologie. . . . — 356
117-122. Les six triomphes décrits par
Petrarque. Suite de six estampes. — 357
117) Le triomphe de l'Amour. . — 357
118) Le triomphe de la chasteté. — 357
119) Le triomphe de la renommée. — 357
120) Le triomphe du temps. . — 358
121) Le triomphe de la mort. . — 358
122) Le triomphe de l'éternité. — 358

Rinceaux d'ornemens.

123-124. Deux compositions d'ornemens. Deux planches. . . — 359
123) La première. . . . — 359
124) La seconde. . . . — 359
125. Rinceau d'ornemens. . . — 359

126. Portrait de Jean Fréderic, électeur de Saxe, surnommé le ma-
gnanime. 1543. . . . — 360

Pièces faussement attribuées a George Pencz.

1. Portrait de Grégoire Peins. . — 361
2. Celui de la femme de Grégoire Peins. — 361

103. ⟨monogram⟩ . . . . IX. 160

1. Les travaux d'Hercule. Suite de
douze estampes. . . — 161

TABLE GÉNÉRALE. 99

104. G S. . . . . . IX. p. 439

Gravures en bois.

1. La passion de Jésus Christ. Suite de trente sept pièces. 1569. . — 439
2. Sainte famille. . . . . — 440
3. Le massacre de S. Barthélemy. — 440
4. La prise de Melun par Robert roi d'Angleterre. . . . — 440
5. Le tombeau de Rodolphe roi des Romains et d'Anne son épouse. — 440
6. Plan perspectif de la ville de Kempten en 1569. . . . — 440
7. Celui de la forteresse Jula en Hongrie. . . . . . — 441
8. Celui de la ville de Zigeth. . — 441
9. Celui de la ville de Sacca. . — 441

105. G W. . . . . IX. 164

1-4. Les escrimeurs. Suite de quatre estampes. . . . . . — 164
  1) Deux hommes qui se battent avec des fléaux. . . . — 164
  2) Deux hommes qui se battent avec de longs bâtons. . . — 164
  3) Deux hommes qui se battent avec des hallebardes. . . — 164
  4) Deux hommes qui se battent au sabre. 1541. . . . — 165

Gravures en bois.

1. Des hommes armés de toutes pièces, et accompagnés chacun d'un

écu d'armoiries. Suite de cent soixante pièces. . . . IX. p. 165

Graf, Urse. Voyez Nr. 322.

Grun, Jean Baudouin. Voyez Nr. 126.

Guldenmund, Jean. . . . IX. 150

Gravure en bois.

1. Le triomphe de Charles V. . — 150

H.

106. Graveur en bois. . . IX. 419

107. . . . . . . IX. 81
1. Portrait de Theophraste. 1538. — 81
2. Autre portrait du même. 1540. — 81
3. Portrait de Jean Fabricius. 1540. — 82

108. Ce numéro offre dans les planches des monogrammes un chiffre composé des lettres H, A, T et B. Mentionné. . . . . IX. 549

109. August. Hirsch-vogel. . . . . IX. 170

Sujets de l'histoire, et de la fable.

1. L'histoire de l'ancien et du nouveau testament. Suite de cent vingt estampes. . . . — 171

2. Le massacre des innocens 1545.   IX. p. 171
3. Le portement de croix. 1545.   .   —   171
4. La résurrection de Lazare.   .   —   171
5. Cleopatre. 1547.   .   .   .   —   172
6. Actéon métamorphosé en cerf. 1545.   —   172
7. Un Satyre, une femme nue et
   son enfant. 1548.   .   .   .   —   172
8. Une Bacchante luttant avec un
   Satyre. 1545.   .   .   .   .   —   172

Sujets de genre.

9. Trois guerriers assommant une
   femme terrassée. 1545.   .   .   —   173
10-12. Trois figures assises. Suite de
   trois planches.   .   .   .   .   —   173
   10) Un roi assis. 1546.   .   .   —   173
   11) Un prince assis. 1546.   .   —   173
   12) Un prince assis. 1546.   .   .   —   173
13-16. Quatre figures semblables,
   représentées debout. Suite de quatre estampes.   .   .   .   .   —   174
   13) Un prince tourné vers la gau-
   che. 1546.   .   .   .   .   —   174
   14) Un homme armé de toutes
   pièces, tourné vers la droite.   .   —   174
   15) Autre homme armé de toutes
   pièces, tourné vers la gauche.
   1546.   .   .   .   .   .   —   175
   16) Autre homme semblable, vu
   de face. 1546.   .   .   .   —   175
17. Un Turc assis. 1547.   .   .   —   175
18. Un Polonois assis. 1547.   .   .   —   175
19-21. Les trois voyages. Suite de
   trois estampes.   .   .   .   .   —   176

19) Un prince à cheval, précédé de deux cavaliers, et suivi de deux autres. 1546. . . . IX. p. 176
20) Un homme dans un traîneau. 1546. . . . . . — 176
21) Deux hommes dans un chariot. 1546. . . . . . — 176

Chasses.

22. Une chasse à l'oiseau. 1545, ou 1549. . . . . . — 177
23. Une chasse au sanglier. 1545. . — 177
24. Une chasse à l'ours. 1545 ou 1549. — 177
25. Plusieurs cerfs et biches dans un bois. 1545. . . . . . — 177
26. Tête de cerf. 1547. . . . — 178
27. Cette même tête de cerf; vue presque de face. 1547. . . — 178

Portraits.

28. Buste de Faustine. . . . — 178
29-35. Sept médaillons. Suite de sept estampes. . . . . . — 178
29) Charles V. . . . . — 178
30) Maximilien II. . . . — 178
31) Ferdinand roi de Hongrie et de Bohème. . . . . — 179
32) Louis roi de Hongrie et de Bohème. . . . . . — 179
33) Sigismond I, roi de Pologne. — 179
34) Sigismond II, roi de Pologne. — 179
35) Christierne, roi de Dannemark. — 179
36. Un morceau divisé en dix compartimens qui offrent différens sujets. . . . . . . — 179

37. Les portraits de Marc Beck et
de Barbe son épouse. .   .   . IX. p. 179
38. Sigismond de Herberstein. 1548. — 179
39. Augustin Hirschvogel, tourné
vers la droite. 1548. .   .   . — 180
40. Augustin Hirschvogel, tourné vers
la gauche. 1548. .   .   . — 180
41. Pierre Perény. .   .   .   . — 180
42. Conrad de Schall. 1547. — 181
43. Etienne Schwartz. 1548. . — 181

Paysages.

44. Différentes vues de villes, bourgs
et villages et quelques paysages.
Suite de quatre-vingts estampes
de forme ronde. .   .   . — 181
45. Paysage offrant trois petites villes
Sodoma, Gomora, Tire. .   . — 182
46. Paysage offrant la vue d'une large rivière. .   .   .   . — 182
47. Vue d'une large rivière. 1545. . — 182
48. Vue d'une ville située sur le bord
d'une rivière. 1549. .   .   . — 182
49. Une forteresse bâtie sur des rochers. 1549. .   .   .   . — 183
50. Marine. 1549. .   .   . — 183
51. Une rivière qui s'étend en largeur
sur le devant de la droite. — 183
52. Paysage offrant un rocher escar-
pé surmonté d'une forteresse. 1546. — 184
53. Vue d'une grande rivière. 1546. — 184
54. Paysage orné de six arbres plan-
tés isolément. .   .   . — 184

55. Paysage dont le milieu offre une
forteresse dans une île. 1546.   .   IX. p. 185

56. Paysage offrant à droite un fort
bâti sur des rochers escarpés. 1545.   —   185

57. Une large rivière avec cinq ba-
teaux. 1546.   .   .   .   .   —   185

58. Vue d'un bourg situé sur le bord
d'une rivière. 1546.   .   .   .   —   186

59. Pays coupé par une rivière dont
les bords sont montueux. 1545.   —   186

60. Paysage orné de cinq pins. 1549   —   186

61. Paysage avec une rivière traver-
sée par un petit pont de bois. 1546.   —   187

62. Paysage avec une ville tombée en
ruines. 1545.   .   .   .   .   —   187

63. Pays coupé au milieu par une
rivière. 1546.   .   .   .   .   —   188

64. Vue d'un port de mer. 1549 . .   —   188

65. Paysage avec un rocher baigné
par une rivière.   .   .   .   —   188

66. Paysage offrant à gauche deux
édifices entourés d'eau. 1545.   .   —   188

67. Marine où l'on remarque une baleine. 1545.   .   .   .   .   —   189

68. Paysage orné d'une église avec
un clocher pointu. 1545.   .   .   —   189

69. Paysage offrant un village en
flammes. 1545.   .   .   .   .   —   189

70. Paysage coupé au milieu par un
ruisseau. 1545.   .   .   .   —   189

71-76. Différens paysages. Suite de
six estampes.   .   .   .   .   —   190

71) Paysage à la tour carrée. 1546.   —   190

72) Paysage coupé par une rivière
1546.   .   .   .   .   IX. p. 190

73) Paysage avec un gros arbre
sur le devant à gauche. 1546.   —   190

74) Paysage offrant à gauche un
rocher surmonté d'un fort. 1546.   —   191

75) Des vaisseaux sur la mer. 1546.   —   191

76) Paysage orné au devant de deux
cabanes. 1 46.   .   .   .   —   192

77. Pays d'une vaste étendue. *Saule,
Saule, quid me.* etc. 1545.   .   —   192

78. Trois vaisseaux sur la mer.   .   —   192

79. Vue du château de Muran. 1547   —   192

80. Vue de la ville de Vienne du côté
du midi. 1547.   .   .   .   —   193

81. Vue de la ville de Vienne du cô-
té du nord. 1547.   .   .   .   —   193

Desseins d'aiguières, de gobelets et d'autres vases.

82. Aiguière dont l'anse représente un
dauphin. 1544.   .   .   .   —   194

83. Aiguière qui représente un bouc
assis. 1544.   .   .   .   —   194

84. Aiguière ornée d'une écrevisse
entre deux Sphinx. 1543.   .   .   —   194

85. Aiguière dont l'anse représente
un serpent. 1543.   .   .   .   —   194

86. Aiguière qui a la forme d'une
jambe d'homme. 1543.   .   .   —   195

87. Aiguière ornée au devant d'un
mascaron. 1543.   .   .   .   —   195

88. Aiguière offrant un homme assis.
1543.   .   .   .   .   —   195

89. Aiguière offrant une femme assi-

se, avec un héaume au lieu de la tête. 1543. . . . . . IX. p. 195

90. Gobelet dont la tige offre deux têtes de femmes. 1543. . . — 196

91. Gobelet dont le couvercle est surmonté d'un homme couvert d'un manteau. 1544. . . . . — 196

92. Gobelet dont la tige offre un Satyre et sa femelle. 1543. . . — 196

93. Un vase à deux anses. 1543. . — 196

94. Un pot dont l'anse représente une jambe de lion. 1543. . . — 197

95. Un pot orné d'un hibou. 1543. — 197

Différens desseins d'ornemens d'orfévrerie. etc.

96. Ornemens d'orfévrerie dans un rond. 1543. . . . . — 197

97. Ornemens gravés presque au trait. 1543. . . . . . — 197

98. Panneau d'ornemens arabesques. 1543. . . . . . — 198

98. Panneau d'ornemens. 1543. . — 198

100. Montant d'ornemens arabesques. 1543. . . . . . . — 198

101. Vignette au Satyre grotesque. 1543. . . . . . — 198

102. Vignette au mascaron. 1543. — 199

103. Cartouche offrant un Sphinx. 1543. — 199

104. Cartouche aux génies assis sur des cignes. 1543. . . . — 199

105. Dessein de la poignée d'un poignard. 1543. . . . — 200

106. Dessein de la poignée d'un poignard. 1543. . . . — 200

107. Dessein d'un poignard dans sa
   gaine. 1543.   .   .   .   IX. p. 200
108. Dessein d'un poignard au pom-
   meau de trois mascarons. 1543.   —   200
109. Trépied. 1543.   .   .   .   —   200
110. Deux pieds chaussés de cothur-
   ne. 1547.   .   .   .   .   —   201
111. Dessein d'un galion.   .   .   —   201

Armoiries.

112. Les armoiries de Sebastien Huet-
   stokher. 1546.   .   .   .   —   201
113. Celles de Herberstein.   .   —   201
114. Ecu aux deux rocs pointus.   .   —   201
115. Ecu au double aigle impérial.   .   —   202
116. Ecu tranché. *Ainer Auf, der
   ander Abb.* 1550.   .   .   —   202
117. Les armoiries d'Autriche, de
   Bohème et de Hongrie.   .   .   —   202
118. L'écusson des armes d'Autriche
   entouré de sept autres écussons.   .   —   202
119. Ecu écartelé.   .   .   .   —   202
120. Un écu à un homme à mi-corps.   —   203
121. Un écu écartelé.   .   .   .   —   203
122. Les armoiries de Geyer d'Oster-
   berg. 1545.   .   .   .   —   203
123. Celles d'Etienne Schwartz.   .   —   203
124. Un écu en bande chargée d'un
   lion rampant.   .   .   .   —   204
125. Les armoiries de Fréderic Nau-
   sea. 1544.   .   .   .   —   204
126. Un écu écartelé.   .   .   —   204
127. Les armoiries de François Igels-
   hofer. 1543.   .   .   .   —   204

128. Celles des Gienger de Wolfseck. 1547. . . . . . IX. p. 205
129. Ecu écartelé. . . . . — 205
130. Ecu d'armes à l'aigle placé sur une muraille. . . . . — 205

Desseins de perspective.

131. Différens corps solides géométriques. 1549. . . . — 205
132. Différens desseins de perspective. 1549. . . . . — 206
133. Dessein de perspective. *Das Aug.* — 206
134. Les cinq principaux corps de géométrie. 1549. . . . — 206
135. Trente huit planches offrant différentes figures géométriques. . — 206
136. Carte géographique de Moscovie. 1549. . . . . — 207

110. **H** . . . . IX. 431

Gravure en bois.

1. Un prince recevant des hommages sur une place publique. . — 432

111. Du Hameel (Alart). VI. 354
1. Le serpent d'airain. . . . — 355
2. Le jugement dernier. . . — 356
3. Les cavaliers autour d'une chapelle. . . . . . — 357
4. L'éléphant. . . . . — 358
5. Dessein d'un reliquaire. . . — 359
6. Dessein d'un saint Sacrement. . — 360

112. **HB** Hans Brosamer. VIII. 455

  1. Dalila et Samson. 1545. — 456
  2. Salomon adorant les idoles. 1545. — 456
  3. Bethsabée au bain. — 457
  4. Le jeune Jésus au temple. — 457
  5. Jésus Christ à la croix. 1545. — 458
  6. Jésus Christ à la croix. 1542. — 458
  7. La Vierge. 1540. — 458
  8. Marc Curce. 1540. — 459
  9. Lucrèce. 1540. — 459
 10. L'enlèvement d'Hélène. 1549. — 460
 11. Le jugement de Paris. — 460
 12. Le jugement de Paris. — 460
 13. Vénus et l'Amour. 1541. — 461
 14. Hercule étouffant Anthée. 1540. — 461
 15. Laocoon. 1538. — 462
 16. Le baiser. 1549. — 462
 17. Le joueur de luth. 1537. — 463
 18. Le mari subjugué par sa femme. — 463
 19. Le combat. — 463
 20. Chasse au sanglier et à l'ours. — 464
 21. Chasse au cerf. — 464
 22. Dessein d'un vase. — 464
 23. Portrait de l'abbé de Fulde. 1541 — 465
 24. Portrait de George Wicelius. 1542 — 465

Gravures en bois.

1. Création d'Eve. 1550. — 466
2. Adam et Eve mangeant du fruit
  défendu. — 466
3. David appercevant Bethsabée dans
  le bain. — 466
4. La reine de Saba devant Salomon — 467

5. Jésus Christ tenté par le démon.   VIII. p. 467

6. La sainte famille.   —   467

7. S. Jerôme dans le désert.   —   468

8. S. Luc.   —   468

9. S. Matthieu.   —   468

10. S. Marc.   —   468

11. S. Paul.   —   469

12. S. Jacques le majeur.   —   469

13. Un prédicateur tenant un sermon dans une église.   —   469

14. Frontispice de livre.   —   469

15. Un palefrenier dormant dans une
écurie.   —   470

113. **HB**   VIII.   536

1. La fortune propice.   —   536

2. La fortune contraire.   —   536

114. **H. B.** Hans Burgmair. VII.   197

Pièce gravée à l'eau-forte.

1. Venus et Mercure.   —   199

Gravures en bois.

Vieux testament.

1. Adam et Eve. Grande pièce de huit
planches.   —   200

2. Samson tuant le lion.   —   201

3. Pharaon submergé dans la mer
rouge.   —   201

4. Salomon adorant une idole.   —   201

5. Bethsabée au bain. 1519.   —   201

6. Dalila coupant les cheveux à
Samson.   —   201

Nouveau testament.

7. La Vierge.   .   .   .   .   .   VII. p.202
8. La Vierge. 1518.   .   .   .   —   202
9. La Vierge.   .   .   .   .   .   —   202
10. Cette même pièce gravée une seconde fois.   .   .   .   .   —   203
11. Cette même pièce gravée une troisième fois.   .   .   .   .   —   203
12. Cette même pièce, gravée une quatrième fois.   .   .   .   —   203
13. La Vierge.   .   .   .   .   —   204
14. J. C. chassant les vendeurs hors du temple.   .   .   .   .   —   204
15. La résurrection de Lazare.   .   —   205
16. Jésus Christ, Lazare, Marthe et   —   205
    Marie.   .   .   .   .   .   —   205
17. Jésus Christ au mont des olives. 1524. Grande pièce de quatre planches.   .   .   .   .   .   —   205
18. J. C. à la croix entre les deux larrons.   .   .   .   .   .   —   206
19. J. C. à la croix entre les deux larrons. 1526. Grande pièce de huit planches.   .   .   .   .   —   207
20. Le buste du Sauveur.   .   .   —   207
21. Le buste du Sauveur.   .   .   —   207
22. Tête de Christ, couronnée d'épines.   .   .   .   .   .   —   207

Saints et Saintes.

23. S. George à cheval.   .   .   .   —   208
24. S. Luc. 1507.   .   .   .   .   —   209
25. S. Sébastien. 1512.   .   .   .   —   209
26. S. famille. 1512.   .   .   .   —   209

27. S. Claire. . . . . . . VII. p. 210
28. S. Elisabeth. . . . . — 210
29. S. Radiane. . . . . — 211
30. S. Radiane. . . . . — 211
31. S. Radiane. . . . . — 211

Portraits.

32. L'emp. Maximilien I, à cheval
    1518. . . . . . . — 211
33. Buste du pape Jules II. . . — 212
34. Jean Paungartner. 1512. . . — 212

Armoiries.

35. L'aigle impérial. *Tibi gloria
    semper.* . . . . . — 213
36. Cinq écussons d'armes sur une
    même planche. . . . . — 213
37. Des armoiries inconnues.' . . — 213
38. Celles de George Baron de Lim-
    bourg, évêque de Bamberg. . — 214

Sujets allégoriques.

39. Frontispice de livre. *Dyalogus
    Johannes Stamler* etc. . . — 214
40. La mort, la jeune femme et le
    jeune homme. . . . . — 215
41-47. Les sept planètes. Suite de sept
    pièces. . . . . . — 215
48-54 Les sept vertus cardinales. Suite
    de sept planches. . . . — 216
55-61. Les sept péchés mortels. Suite
    de sept planches. . . . — 217
62. Les sept péchés mortels, repré-
    sentés par des démons. . . — 218

Différens autres sujets.

63. Alboin et Athanaric. . . . VII. p. 218
64-69. Les trois bons hommes et femmes des Chrêtiens, des Juifs, et des Payens. Suite de six pièces. . — 219
  64) Les trois bons Chrêtiens. . — 219
  65) Les trois bonnes Chrêtiennes. — 219
  66) Les trois bons Juifs. . . — 219
  67) Les trois bonnes Juives. . — 219
  68) Les trois bons Payens. . — 219
  69) Les trois bonnes Payennes. . — 219
70. Un homme devant un roi. . — 221
71. Un cuisinier éventrant un lièvre. — 221
72. Deux pélerins suivis d'une femme et d'un enfant. . . . — 221
73. Femme montée sur un homme qui marche à quatre pattes. . — 221
74. Six docteurs assis autour d'une table. . . . . . . — 222
75. Homme, femme et enfant sauvages. — 222
76. Un Rhinocéros. 1515. . . — 222
77. Le roi de Gutzin. 1508. . . — 223
78. Neuf desseins de pommeaux d'épées. . . . . . — 223

Recueils.

79. La généalogie de l'Empereur Maximilien I. Suite de 77 pièces. . — 223
80. Weifs Kunig. Suite de 237 pièces. — 224
81. Le triomphe de l'Empereur Maximilien I. Suite de 135 pièces. . — 229
82. Images de Saints et Saintes issus de la famille de l'Empereur Maximilien I. Suite de 119 pièces. . — 240

115. HB   .   .   .   .   .   IX. p. 41
     1. Vignette.   .   .   .   .   —   41

116. HB Jacques Bink.   VIII. 249

Sujets de la bible.

1-2. Adam et Eve. Deux planches. ,   —   260
     1) Adam.   .   .   .   .   .   —   260
     2) Eve.   .   .   .   .   .   —   260
3. Eve.   .   .   .   .   .   .   —   261
4. Loth et ses filles.   .   .   .   —   261
5. David vainqueur de Goliath. 1526.   —   262
6. Bethsabée au bain.   .   .   .   —   262
7. Judith.   .   .   .   .   .   —   263
8. Judith. 1528.   .   .   .   .   —   263
9. La Vierge adorant l'enfant Jésus.   —   263
10. Le massacre des innocens.   . .   —   264
11. Le massacre des innocens.   .   —   265
12. Jésus Christ et la Samaritaine. .   —   265
13. Tête du Christ. .   .   .   .   —   266
14. Le Sauveur.   .   .   .   .   —   266
15. La décollation de S. Jean Baptiste.   —   267
16. Hérodiade.   .   .   .   .   —   267

Vierges, Saints et Saintes.

17. La Vierge.   .   .   .   .   —   268
18. La Vierge couronnée par deux
     anges.   .   .   .   .   .   —   268
19. La Vierge assise sur un banc de
     gazon.   .   .   .   .   .   —   269
20. La Vierge sur le trône.   .   .   —   269
21. S. Antoine l'Ermite.   .   .   .   —   269

22. S. Jerôme. . . . . . VIII. p. 270

23. S. George. . . . . — 271

24. La Vierge, S. Catherine et S. Barbe. — 271

25. S. Madelaine. 1526. . . . — 272

Sujets de la fable.

26-45. Les divinités de la fable. Suite
de vingt estampes. 1530. . . — 272

26) Saturne. . . . . — 273

27) Opis. . . . . — 273

28) Jupiter. . . . . — 273

29) Junon. . . . . — 273

30) Neptune. . . . . — 273

31) Thétis. . . . . — 273

32) Pluton. . . . . — 273

33) Proserpine. . . . — 274

34) Mars. . . . . . — 274

35) Vénus. . . . . . — 274

36) Apollon. . . . . — 274

37) Diane. . . . . — 274

38) Mercure. . . . . — 274

39) Cérès. . . . . . — 274

40) Hercule. . . . . — 274

41) Hébé. . . . . — 274

42) Bacchus. . . . — 274

43) Ariadne. . . . — 274

44) Vulcain. . . . . — 274

45) Pallas. . . . . — 274

46. L'Amour. . . . . — 275

47. L'Amour. . . . . — 275

48. Vénus. . . . . — 275

49. Hercule et Nessus. . . — 276

Sujets allégoriques.

50. Le hallebardier et la mort. . — 276

51. La mort et le soldat. . . . VIII. p. 276
52. La mort terrassant le soldat. . — 277
53. Femme assise sur un globe. . — 277
54. L'orgueil. . . . . . — 278
55. La fortune. . . . . — 278
56. L'autel. . . . . — 279
57. La justice. . . . . — 279
58. La sorcière frappant le diable. 1528. . . . . . — 280

Sujets de soldats, villageois etc.

59. Le paysan à la fourche. . . — 280
60. La paysanne aux deux pots. . — 280
61. Le paysan au lièvre. : . — 281
62. Le porte-enseigne à la calebasse. — 281
63. Le soldat et sa maîtresse. . . — 281
64. Le porte-enseigne. . . . — 282
65. Le tambour et les deux soldats. — 282
66. Le porte-enseigne, le tambour et le fifre. . . . . . — 283
67. Le soldat et sa famille. . . — 283
68. Le hallebardier. . . . — 283
69. L'homme au grand espadon. . — 284
70. Le vendeur d'oeufs. . . — 284
71. Le fifre. . . . . . — 285
72. Les soldats et leurs maîtresses. . — 285
73. Le panier d'oeufs. . . . — 286
74. Les soldats jouans. . . . — 286
75. Le paysan dansant avec une nouvelle mariée. . . . . — 287
76. Le berger. 1526. . . . — 287
77. Le soldat. . . . . — 288
78. Le soldat à la calebasse. . . — 288

Vignettes et montans d'ornemens.

79. La vignette aux deux poissons chimériques. . . . . VIII. p. 288

80. La vignette aux génies en cuirasse. . . . . . . — 289

81. La vignette aux quatre génies et au cheval. . . . . . — 289

82. La vignette à l'homme et à la femme. . . . . . — 290

83. La vignette aux deux dauphins. — 290

84. La vignette au Faune et à la Sirène. . . . . . — 290

85. La cuirasse. . . . . — 291

86. L'enfant et les deux poissons. . — 291

87. Le vase entre deux licornes. . — 292

88. Dessein de gaine. . . . — 292

Portraits.

89. François I, roi de France. . — 293

90. Claude de France, première femme de François I. . . . — 293

91. Christierne II. roi de Dannemarc 1525. . . . . . . — 294

92. Elisabeth d'Autriche, son épouse. — 294

93. Louis Gassel. 1529. . . . — 295

94. Reinneir. V. H. 1525. . . — 296

95. Jacques Bink. . . . . — 297

96. Portrait de jeune homme. . . — 297

97. Paysage. . . . . . . — 297

117. 𝕳. 𝕮. 𝖟. 𝕬. . . VII. 495

Gravure en bois.

1. L'homme de douleurs. . . — 495

118.   .   .   .   IX. p. 579

Gravure en bois.

1. Portrait de Jacques Cajus. 1588.   —   579

119.   .   .   .   .   IX.   42

1. Dessein d'une gaine.   .   .   —   42

120.   .   .   IX.   565

Gravures en bois.

1. La cène.   .   .   .   .   —   565
2. Le couronnement d'épines.   .   —   566
3. Jésus Christ présenté au peuple.   —   566

121.   .   .   VII.   452

Gravures en bois.

1. S. Etienne au milieu de deux saints évêques. 1514.   .   .   —   452
2-7. Différens sujets. Suite de six pièces tirées d'un ouvrage intitulé: *Die Brosämlin D. Kaiserspergs* etc.   .   .   .   —   453
    2) Un ange ailé poursuivi par un lion. 1516.   .   .   .   —   453
    3) Un Satyre combattant contre un lion.   .   .   .   —   453
    4) Un homme conduisant un lion doux. 1516.   .   .   .   —   453

3. Adam et Eve. 1511.   .   .   .   VII.   p. 3o6
4. Adam et Eve chassés du paradis.   —   3o7
5. Descente de croix.   .   .   .   —   3o7

Saints et autres sujets pieux.

6-18. Jésus Christ et les douze Apôtres , debout.   .   .   .   .   —   3o7
   6) Jésus Christ.   .   .   .   .   —   3o8
   7) S. Pierre. .   .   .   .   —   3o8
   8) S. André.   .   .   .   —   3o8
   9) S. Jacques le majeur.   .   .   —   3o8
   10) S. Jean. .   .   .   .   —   3o8
   11) S. Philippe.   .   .   .   —   3o8
   12) S. Barthélemy.   .   .   —   3o9
   13) S. Matthieu. 1519.   .   .   —   3o9
   14) S. Thomas.   .   .   .   —   3o9
   15) S. Jacques le mineur.   .   .   —   3o9
   16) S. Simon.   .   .   .   —   3o9
   17) S. Judas Thaddée. .   .   —   31o
   18) S. Paul. .   .   .   .   —   31o
19-3o. Les Apôtres, représentés debout.
   Suite de douze pièces.   .   .   —   31o
   19) S. Pierre.   .   .   .   —   31o
   20) S. André.   .   .   .   —   31o
   21) S. Jacques le majeur.   .   —   31o
   22) S. Jean. .   .   .   .   —   31o
   23) S. Philippe.   .   .   .   —   31o
   24) S. Barthélemy.   .   .   —   31o
   25) S. Matthieu.   .   .   .   —   31o
   26) S. Thomas.   .   .   .   —   31o
   27) S. Jacques le mineur.   .   .   —   31o
   28) S. Simon.   .   .   .   —   31o
   29) S. Judas Thaddée.   .   .   —   311
   3o) S. Paul. .   .   .   .   —   311

31. S. Jean Baptiste. . . . VII. p. 311
32. Hérodiade, à mi-corps. . . — 311
33. La conversion de S. Paul. . — 311
34. S. Jerôme dans le désert. 1511. . — 312
35. S. Jerôme dans le désert. . . — 312
36. S. Sébastien. 1512. . . . — 312
37. S. Sébastien. 1514. . . . — 313
38. S. Christophe. . . . — 313
39. S. Dominique. . . . — 313
40. Le père éternel. 1519. . . — 314
41. L'ecce-homo. 1511. . . . — 314
42. L'homme de douleurs. 1517. . — 314
43. Le corps mort de J. C. trans-
porté au ciel par les anges. . — 314

Sujets profanes.

44. Les parques. 1513. . . . — 315
45. Bacchus entouré d'enfans. . . — 316
46. Les deux mères. . . . — 316
47. Un cuisinier éventrant un lièvre. — 317
48. Xantippe montée sur Socrate. 1515. — 317
49-53. Cinq pièces tiré d'un ouvrage
intitulé : *Das Buch der Sünden des
Mundes.* . . . . . — 317
49) Le crucifix montré. . . — 318
50) Un homme faisant des caresses
à une jeune femme. . . — 318
51) Un vieillard adorant le Sauveur. — 318
52) Un prêtre célébrant la messe. — 318
53) Deux jeunes gens à genoux
devant leurs parens. . . — 319
54. L'usurier. . . . . — 319
55. Des sorcières se préparant pour
aller au Sabbat. . . . — 319

56. Groupe de sept chevaux. 1534. . VII. p. 321
57. Groupe d'autre sept chevaux. 1534. — 321
58. Groupe de cinq chevaux. . — 321
59. Portrait de Christophe, margra-
ve de Bade. 1511. . . . — 322

127. ℍ𝔉 . . . . IX. 49
1. Génie en l'air. . . . . — 49

128. H. H. . . . . IX. 408

Gravures en bois.

1-12. Les douze articles du crédo.
Suite de douze pièces. . . — 408
13-24. Les douze Apôtres. Suite de
douze pièces. . . . . — 409
13) S. Pierre. . . . . — 409
14) S. André. . . . . — 409
15) S. Jean l'évangéliste. . . — 409
16) S. Philippe. . . . — 409
17) S. Barthélemy. . . . — 410
18) S. Matthieu. . . . . — 410
19) S. Thomas. . . . . — 410
20) S. Jacques le mineur. . . — 410
21) S. Simon. . . . . — 410
22) S. Judas Thaddée. . . — 410
23) S. Mathias. . . . — 410
24) S. Paul. . . . . — 410
25. Vue de l'ancienne ville de Rome. — 411
26. Vue de la ville d'Amsterdam. — 411
27. Deux princes qui se battent
pour une couronne. . . . — 411

129. HF . . . . IX, p. 400

Gravures en bois.

1. Vue de la ville de Spire. . — 400
2. Un cerf et une biche. . — 400
3. Un cheval allant au galop. . — 400

130. HELS . . . VI. 406

1-12) Les douze Apôtres, debout. Suite
    de douze estampes. . . . — 406
  2) S. Pierre. . . . — 406
  2) S. André. . . . — 406
  3) S. Jacques le majeur. . — 407
  4) S. Jean. . . . — 407
  5) S. Philippe. . . . — 407
  6) S. Barthélemy. . . — 407
  7) S. Jacques le mineur. . — 407
  8) S. Matthieu. . . — 407
  9) S. Judas Thaddée. . — 407
  10) S. Simon. . . — 407
  11) S. Thomas. . . — 408
  12) S. Paul. . . — 408

131. HSE . . . . IX. 486

  1) La lune. . . . — 486

132. PB . . . . . IX. 239

1-2. Adam et Eve. Deux estampes. — 239
  1) Adam. . . . — 239
  2) Eve. . . . -- 240

133. HIW ⬭ .   IX. p. 404

Gravure en bois.

1. Vue de la ville de Strasbourg en
1558.   —   404

134. HK.   IX.   433

Gravure en bois.

1. Portrait de quelque général.   —   433

135. MK   VII.   493

Gravure en bois.

1. S. Jean Baptiste prêchant dans le
désert.   —   493
2. Un Apôtre prêchant d'un vaisseau
à des payens.   —   493

136. HKS   IX.   401

Gravure en bois.

1. Vue de la vilie d'Eger.   —   401

137. HK   VII.   484

Gravure en bois.

1. S. Jean dans l'île de Pathmos.   —   484

138. HL. Mentionné.   VII.   466

TABLE GÉNÉRALE. 125

139. **HL** . . . . IX. p. 473
1. Jésus Christ à la croix. . . — 473
2. Le Sauveur. 1558. . . . — 473
3. La charité. 1558. . . . — 474

140. **HL.** . . . . VIII. 35

Gravures en cuivre.

1. L'homme de douleurs. . . — 35
2. Les instrumens de la passion de Jésus Christ portés par des anges 1533. . . . . . — 35
3. S. George. 1533. . . . . — 36
4. La décollation de S. Dorothée. 1533. — 36
5. Le dieu Hymenée. . . . — 37
6. L'Amour debout sur une boule. . — 37
7. L'Amour sur l'escargot. 1533. . — 38
8. Les pois en cosse. 1533. . . — 38
9. Homme et femme qui porte un enfant. . . . . . — 39

Gravures en bois.

1. Le Sauveur debout. . . . — 39
2. S. Christophe. . . . — 40
3. S. George. . . . . — 40

141. **HM.** . . . . IX. 79
1. Le sacrifice d'Abraham. 1543. . — 79
2. Samson. 1543. . . . . — 79
3. La décollation de S. Jean Baptiste. — 79

142. **HMV** . . . . IX. 85
1. Pièce allégorique . . . — 85

143.   .   .   .   .   IX.   21
   1. Judith. 1533.   .   .   .   —   21
   2. Hercule.   .   .   .   —   22

144.   .   .   .   .   IX.   581
   1. Jean III, roi de Suède. 1592.   .   —   581
   2. Gustave, roi de Suède. 1593.   .   —   581
   3. Eric XIV, roi de Suède.   .   —   581

145.   .   .   .   .   VIII.   538
   1. Combat entre onze hommes nuds.
     1527.   .   .   .   .   —   538
   2. Vignette. 1528.   .   .   .   —   538

146.   .   .   .   .   VIII.   5
   1. La Vierge.   .   .   .   —   5

147.   .   .   .   .   IX.   237

Pièces gravées en cuivre.

   1. Le combat de deux enfans.   .   —   237
   2. Vignette.   .   .   .   .   —   238

Pièces gravées en bois.

   1. Une Suite de vingt-quatre pièces
     offrant un alphabet de lettres
     grises.   .   .   .   .   —   238

148.   .   VI.   409
   1-12. La passion de Jésus Christ.
   Suite de douze estampes.   .   .   410

1) Jésus Christ à la montagne des oliviers.	VI. p.	410
2) La prise de Jésus Christ.	—	410
3) Jésus C. devant le grand-prêtre.	—	410
4) La flagellation.	—	410
5) Le couronnement d'épines.	—	410
6) Jésus Christ devant Pilate.	—	410
7) Jésus Christ montré au peuple.	—	410
8) Le portement de croix.	—	410
9) Le crucifiement.	—	410
10) La sépulture.	—	411
11) La descente aux limbes.	—	411
12) La résurrection.	—	411

149. Ce numéro offre dans les planches des monogrammes un chiffre composé des lettres H et R, surmontées d'un 7. Mentionné. . IX. 388

150. Hans Rodolphe Emanuel Deutsch. IX. 324

Gravures en bois.

1. Buste d'Aristote. 1549.	—	324
Pièces qui se trouvent dans la cosmographie de Sebastien Munster. Bâle. 1550.		
2. Vue de la ville de Bâle en 1549.	—	325
3. Vue de la ville de Berne, en 1549.	—	325
4. Vue de la ville de Coblence, en 1549.	—	325
5. Vue de la ville de Cologue.	—	325
6. Vue de la ville d'Edimbourg.	—	326
7. Vue de la ville de Francfort sur l'Oder, en 1548.	—	326

128   TABLE GÉNÉRALE.

8. Vue de la ville de Fribourg en Brisgau. . . . . . . IX. p. 326

9. Vue la ville de Fulde. . . — 326

10. Vue de la ville de Genève. 1548. — 326

11. Vue de la ville de Nordlingen, en 1549. . . . . . — 326

12. Vue de la ville de Paris. . . — 326

13. Vue de la ville de Rufach, en 1548. — 327

14. Vue de la ville de Schletstadt. . — 327

15. Vue de la ville de Vienne en Autriche, en 1548. . . . . — 327

16. Vue de la ville de Wurtzbourg. — 327

17. Carte géographique de la Paléstine. — 327

18. Erasme de Rotterdam. . . — 328

19. Différens monstres marins et terrestres. . . . . . — 328

20. Un crocodile. . . . . — 328

21. Une panthère. . . . . — 328

22. Les armoiries de la ville de Spire. 1549.

23. Le théâtre de Vérone, en 1549. — 328

Pièces qui se trouvent dans une autre édition de la cosmographie de Sébastien Munster. A Bâle. 1572.

24. Vue de la ville de Besançon. . — 329

25. Guillaume Tell. . . . — 329

26. La première confédération des trois suisses. . . . . — 329

Pièces qui se trouvent dans une édition allemande de la cosmographie de Sébastien Munster. A Bâle. 1628

27. Vue de la ville de Salins en
    Bourgoigne.   .   .   .   IX. p. 329
28. Vue de la prévôté d'Elwangen,
    en 1549.   .   .   .   .   —   330
29. Vue de la ville d'Ulm.   .   .   —   330

150. a. HS. <> Graveur en bois. IX.   425

151.   .   .   .   .   IX.   582
    1. Vénus et l'Amour. 1593.   .   .   —   582
    2. Le Pégase. 1593.   .   .   —   582
    3. L'enlèvement d'Europe. 1593.   .   —   583
    4. La peinture. 1593.   .   .   —   583

152.   .   .   .   .   IX.   526
    1. Adam et Eve. 1566.   .   .   —   526

153.   .   .   .   .   VI.   386
    1. Jésus Christ à la croix.   .   .   —   387
    2. S. Christophe.   .   .   .   —   387
    3. Le pélerin.   .   .   .   —   388
    4. Le seigneur et la dame.   .   —   388
    5. Le groupe de quatre femmes. 1498.   —   388

154.   Hans Schau-
felein.   .   .   .   .   VII.   245

Gravures en bois.

Vieux testament.

1. Dieu créant Eve.   .   .   —   245
2. Adam et Eve chassés du paradis.   —   246

130   TABLE GÉNÉRALE.

3. Le sacrifice d'Abraham.   .   VII. p. 246
4. Loth et ses deux filles.   .   —   246

Nouveau testament.

5. L'annonciation.   .   .   .   —   246
6. L'annonciation.   .   .   —   246
7. Repos en Egypte. 1515   .   .   —   247
8. Les trois rois.   .   .   .   —   247
9. Les trois rois.   .   .   —   247
10. Les trois rois   .   .   .   —   247
11. S. Joseph marchant à côté de la
    Vierge douloureuse.   .   .   —   248
12. La Vierge et S. Anne avec l'en-
    fant Jésus. 1510.   .   .   .   —   248
13. S. famille.   .   .   .   .   —   248
14. La purification de la Vierge.   .   —   249
15. La mort de la Vierge.   .   .   —   249
16. Lazare.   .   .   .   .   —   249
17. La résurrection du Lazare.   .   —   249
18. J. C. et la Samaritaine.   .   .   —   249
19-22. Quatre sujets du nouveau tes-
    tament. Suite de 4 pièces.   .   —   250
    19) La circoncision.   .   .   —   250
    20) S. famille.   .   .   .   —   250
    21) Les noces de Cana.   .   .   —   250
    22) La Cène.   .   .   .   —   250
23-35. Trois pièces pour un livre de
    Wolfg. Man.   .   .   .   —   250
    23) Le lavement des pieds.   .   —   250
    24) J. C. au mont des olives.   .   —   250
    25) J. C. devant Pilate.   .   —   251
26. La Cène. Grande pièce de neuf
    morceaux.   .   .   .   .   —   251
27. J. C. devant le grand prêtre Anne.   —   251

28. Le portement de croix.   .   .   VII. p. 25i
29. Crucifix.   .   .   .   .   .   —   252
3o. Crucifix.   .   .   .   .   .   —   252
3i. Crucifix.   .   .   .   .   .   —   252
32. Descente de croix.   .   .   .   —   253
33. Les saintes femmes visitant le
    tombeau.   .   .   .   .   .   —   253
34. La passion de J. C. Suite de 35
    estampes.   .   .   .   .   .   —   253
35. La vie de J. C. Suite de 73 es-
    tampes.   .   .   .   .   .   —   255

Saints et autres sujets pieux.

36. S. Jean Capistran faisant un
    sermon.   .   .   .   .   .   —   255
37. S. Pérégrin et S. Sébastien. 15io.   —   257
38. S. Catherine.   .   .   .   .   —   257
39. S. Sébastien.   .   .   .   .   —   257
4o. La Véronique.   .   .   .   .   —   257
4i. L'ecce-homo.   .   .   .   .   —   257
42-49. Différens sujets pieux destinés
    pour orner un livre.   .   .   .   —   257
    42) La Trinité.   .   .   .   .   —   258
    43) La Vierge et S. Joseph adorant
        le sauveur.   .   .   .   .   —   258
    44) Groupe d'anges.   .   .   .   —   258
    45) Les douze Apôtres.   .   .   —   258
    46) Groupe de Saints.   .   .   .   —   258
    47) Autre groupe de Saints.   .   —   258
    48) S. Sébastien et S. Roch.   .   —   259
    49) Le père éternel.   .   .   .   —   259
5o. La pentecôte.   .   .   .   .   —   259
5i. Le jugement dernier.   .   .   —   259

52. Un ange mettant le démon dans un trou. . . . . . . VII. p. 260

53. Un ange tenant la S. croix sur le front d'un Chrétien. . . . — 260

54. Allégorie sur la délivrance de l'homme des suites du péché originel. . . . . . — 260

55-94. Quarante pièces pour une traduction allemande des oeuvres de Ciceron. . . . . . — 261

55) Un prêtre donnant les derniers secours à un vieillard mourant. — 261

56) La chute des anges rebelles. . — 261

57) Dieu créant les animaux. . — 261

58) Dieu créant Eve. . . . — 261

59) Adam et Eve. . . . — 261

60) Caïn tuant Abel. . . . — 262

61) L'arche de Noé. . . . — 262

62) Cham et Noé. . . . — 262

63) Loth et ses filles. . . . — 262

64) Le sacrifice d'Abraham. . — 262

65) La mort de Samson. . . — 262

66) Les Israëlites recueillant la manne. . . . . . — 262

67) Joseph vendu par ses frères. — 262

68) La grande grappe de raisin de la terre promise. . . . — 262

69) Le petit Moïse sauvé du Nil. — 262

70) Tobie et son épouse priant Dieu. — 262

71) Bethsabée au bain. . . — 263

72) La reine de Saba. . . . — 263

73) Esther devant Assuerus. . — 263

74) David tuant Goliath. . . — 263

75) Le roi David à table. . . — 263

76) Le jugement de Salomon.   .   VII. p. 263
77) Judith.   .   .   .   .   —   263
78) Susanne au bain.   .   .   .   —   263
79) La parabole du mauvais riche.   —   263
80) Le Sauveur.   .   .   .   .   —   263
81) L'hypocrite et le véritable pé-
      nitent.   .   .   .   .   .   —   263
82) Jésus Christ chassant les ven-
      deurs hors du temple.   .   .   —   263
83) Le général romain renvoyant
      le maître d'école.   .   .   .   —   263
84) Lucrèce.   .   .   .   .   —   264
85) Une femme pleurant ses péchés
      à la vue d'un tombeau.   .   .   —   264
86) La mort.   .   .   .   .   —   264
87) Le dernier jugement.   .   .   —   264
88) Guillaume Tell.   .   .   .   —   264
89) Le cheval de bois de Troye.   —   264
90) Diogène et Alexandre.   .   .   —   264
91) Le fils de Trajan écrasant l'en-
      fant d'une veuve.   .   .   .   —   264
92) Titus Manlius punissant son
      fils.   .   .   .   .   .   .   —   265
93) Un guerrier parlant à un hom-
      me qui est dans une tente.   .   —   265
94) Mutius Scévola.   .   .   .   —   265

Sujets profanes.

95. Pyrame et Thysbé.   .   .   .   —   265
96. Un seigneur assis entre deux
      dames.   .   .   .   .   .   —   265
97. Plusieurs jeunes seigneurs accom-
      pagnés de leurs maîtresses, dans
      un paysage.   .   .   .   .   —   266

134   **TABLE GÉNÉRALE.**

98. Un capitaine parlant à cinq
soldats. . . . . VII. p. 266
99. Un soldat allemand. . . — 266
100. Un porte-enseigne. . . — 266
101. Deux soldats debout. . — 267
102. Bataille. Pièce de deux morceaux. — 267
103. Les danseurs de noces. Suite de
20 pièces. . . . . — 267
104-109. Six sujets pour quelque histoire. . . . . — 268
  104) Un vieillard parlant à un héraut d'armes. . . — 268
  105) Un paysan monté sur un âne
que mène un garçon. . — 268
  106) Deux hommes parlant à un
paysan monté sur un âne et
ayant un jeune garçon en
croupe. . . . — 268
  107) Le jeune garçon monté sur
un âne que le vieux paysan mène par la bride. . . — 268
  108) Le jeune garçon conduisant
un âne. . . . — 268
  109) L'âne garotté, et attaché à
une moule. . . . — 268
110-131) Différens sujets pour l'ouvrage de Hans von Leonrodt,
intitulé. *Himmelwagen und Hölle-
wagen.* . . . — 269
  110) L'auteur présentant son ouvrage à l'Empereur. . — 269
  111) Un pélerin marchant vers la
droite. . . . — 269
  112) Un homme adorant le crucifix. — 269

113) Des armuriers. . . . VII. p. 270
114) Un homme passant un petit
     pont. . . . . . — 270
115) Un grand cœur humain. . — 270
116) La Vierge protegant différen-
     tes personnes. . . . — 270
117) Le démon offrant du poison
     à un homme. . . . — .270
118) Le char qui conduit au ciel. — 270
119) La Trinité. . . . — 270
120) L'échelle à terre dans un
     paysage. . . . . . — 270
121) La mort se saisissant d'un jeu-
     ne homme. . . . . — 271
122) Un villageois payant son
     créancier avec des victuailles. — 271
123) La Vierge, S. Joseph et le
     Sauveur. . . . . . — 271
124) Un laboureur ensemençant un
     champ. . . . . . — 271
125) Un paon. . . . — 271
126) L'homme mort subitement. . — 271
127) Tête de Christ. . . — 271
128) Un fou s'engageant au ser-
     vice d'un maître criminel. . — 271
129) Jeune femme assise dans un
     petit jardin. . . . — 271
130. Un paysan traînant un cochon
     de l'étable. . . . . — 272
131. Le char qui conduit à l'enfer — 272
132. Les estampes du Teurdanck
     Suite de 118 pièces. . . — 272

155. ISP et ISB Hans Se-
bald Beham. . . . VIII. p. 112

Pièces gravées sur cuivre.

Sujets de l'ancien testament.

1-2. Adam et Eve, assis. 1519. Deux
    planches. . . . . . — 114
    1) Adam. 1519. . . . . — 114
    2) Eve. 1519. . . . . — 114
3-4. Adam et Eve debout. Deux
    planches. . . . . — 115
    3) Adam. 1524. . . . — 115
    4) Eve. 1523. . . . . — 115
5. Adam et Eve assis ensemble. 1536. — 116
6. Adam et Eve. 1543. . . . — 116
7. Adam et Eve chassés du paradis.
    1543. . . . . . . — 118
8. Moïse et Aaron. 1526. . . — 118
9. Loth et ses filles. . . . — 119
10. Judith. . . . . . — 119
11. Judith. . . . . . — 119
12. Judith. 1547. . . . . — 120
13. Le chaste Joseph. 1526. . . — 121
14. Le chaste Joseph. 1544. . . — 121
15. Le chaste Joseph . . . — 122
16. Job s'entretenant avec ses amis
    1547. . . . . . . — 122

Sujets du nouveau testament.

17. La Vierge immaculée. 1520. . — 123
18. La Vierge assise. 1520. . . — 123
19. La Vierge au perroquet. 1549. . — 124

20. La Vierge à la tête de mort.   .   VIII. p. 125
21. S. Joachim et S. Anne. 1530.   .   —   125
22. Le petit Jésus. 1521.   .   .   .   —   126
23. Les noces de Cana.   .   .   ,   —   126
24. Jésus Christ et la Samaritaine. .   —   127
25. Jésus Christ chez Simon le pha-
    risien.   .   .   .   .   .   —   127
26. L'homme de douleurs. 1520.   .   —   127
27. Tête du Christ. 1519.   .   .   —   128
28. Tête du Christ. 1520.   .   .   — '   128
29. Tête du Christ. 1520.   .   .   —   129
30. Le Sauveur. 1546.   .   .   —   129
31-34. La parabole de l'enfant prodi-
    gue. Suite de quatre estampes.   .   —   130
    31) L'enfant prodigue quitte la
        maison paternelle.   .   .   —   130
    32) Il dissippe son bien. 1540.   .   —   130
    33) Il est reduit à garder les pour-
        ceaux.   .   .   .   .   .   —   131
    34) Il retourne chez son père.   .   —   132
35. L'enfant prodigue gardant les
    pourceaux. 1538.   .   .   —   132

                    Saints.

36-42. Jésus Christ et les douze Apô-
    tres. Suite de sept estampes.   .   —   132
    36) Le Sauveur. 1520.   .   .   —   133
    37) S. Pierre et S. Paul. 1520.   .   —   133
    38) S. Philippe et S. Jacques le
        majeur. 1520.   .   .   .   —   133
    39) S. André et S. Thomas. 1520.   —   133
    40) S. Matthieu et S. Jean. 1520.   —   133
    41) S. Simon et S. Thaddée. 1520.   —   134

42)S.Barthélemy et S.Mathias.1520.   VIII. p. 134

43-54. Les douze Apôtres. Suite de douze estampes. . . . . — 134

43) S. Pierre. 1545. . . . — 134

44) S. André. . . . . — 135

45) S. Jacques le mineur. 1545. . — 135

46) S. Jean. . . . . . — 135

47) S. Philippe. 1545. . . . — 135

48) S. Barthélemy. . . . — 135

49) S. Thomas. . . . — 136

50) S. Matthieu. 1546. . . — 136

51) S. Jacques le majeur. . — 136

52) S. Judas Thaddée. . . — 136

53) S. Simon. . . . — 136

54) S. Mathias. . . . . — 136

55-58. Les quatre Evangélistes. Suite de quatre estampes. . . . — 137

55) S. Matthieu. . . . . — 138

56) S. Marc. . . . . — 138

57) S. Luc. . . . . . — 138

58) S. Jean. . . . . . — 138

59. S. Jerôme. 1519. . . . — 138

60. S. Jerôme. 1520. . . . — 139

61. S. Jerôme. 1520. . . . — 139

62. S. Jerôme. 1520. . . . — 140

63. S. Jerôme. 1521. . . . — 140

64. S. Antoine l'Ermite. 1521. . — 141

65. S. Sebalde. 1521. . . . — 141

66. Un ange descendant du ciel vers un S. Ermite. 1520. . . . — 142

Sujets de l'histoire profane.

67. Alexandre le grand menant le Bucéphale. . . . . — 142

68. Achille et Hector. . . . VIII. p. 142
69. Combat entre les Grecs et les
    Troyens. . . . . . — 143
70. L'enlèvement d'Hélène. . . — 143
71. Régulus. . . . . . — 144
72. Cimon nourri par fille. . . — 144
73. Cimon nourri par sa fille. . . — 145
74. Cimon nourri par sa fille. 1544. — 145
75. Cimon nourri par sa fille. 1544. — 146
76. Cléopatre. 1529. . . . — 146
77. Cléopatre. . . . . . — 147
78. Lucrèce. 1519. . . . . — 147
79. Lucrèce. . . . . . — 147
80. Didon. 1519. . . . . — 148
81. Mutius Scévola. . . . — 149
82. Trajan. . . . . . — 149
83. Buste de l'empereur Trajan. 1546. — 150
84. Buste de Domitia Calvilla. 1546. — 151
85. Portrait d'un Empereur. . . — 151

Sujets de mythologie.

86. Un Triton et une Néréide. 1523. — 152
87. Un Triton et une Néréide. 1523. — 152
88. Le jugement de Paris. . . — 152
89. Le jugement de Paris. 1546. . — 153
90. Vénus et l'Amour. . . . — 154
91. Vénus et l'Amour. . . . — 154
92. L'Amour. 1521. . . . — 154
93. L'Amour. 1521. . . . — 155
94. Combat entre des Centaures. . — 155
95. Combat de trois hommes. . — 156
96-107. Les travaux d'Hercule. Suite
    de douze estampes. . . . — 156

96) Heicule défait les Centaures. 1542.   VIII. p. 157

97) Il perce de ses flèches Nessus. 1542.   —   157

98) Déjanire lui envoie par Lycas une chemise trempée dans le sang de Nessus.   —   157

99) Hercule enlève Jole. 1544.   —   157

100) Il arrache le chien Cerbère de l'enfer. 1545.   —   157

101) Il punit la perfidie de Laomédon. 1545.   —   157

102) Il abbat l'hydre de Lerne. 1545.   —   158

103) Il place deux colonnes au detroit de Gades. 1545.   —   158

104) Il tue Cacus. 1545.   —   158

105) Il étouffe Anthée. 1545.   —   158

106) Il terrasse le lion de Némée 1548.   —   158

107) Il se brûle sur un bûcher. 1548.   —   159

108. Nessus et Déjanire.   —   159

109. Satyre jouant de la lyre.   —   160

110. Satyre femelle jouant de la cornemuse.   —   160

111. Le Satyre sonnant du cor.   —   160

112. Léda. 1548.   —   161

113-120. Les sept planètes. Suite de huit estampes.   —   161

113) Titre.   —   161

114) Saturne.   —   162

115) Jupiter.   —   162

116) Mars.   —   162

117) Le Soleil.   —   152

118) Vénus.   —   162

119) Mercure. . . . VIII. p. 162
120) La lune. 1539. . . . — 163

Sujets allégoriques.

121-127. Les sept arts libéraux. Suite
de sept estampes. . . . — 163
121) La grammaire. . . . — 163
122) La dialectique. . . . — 164
123) La rhétorique. . . . — 164
124) L'arithmétique. . . . — 164
125) La musique. . . . — 164
126) La géométrie. . . . — 164
127) L'astrologie. . . . — 164
128. La religion chrétienne vic-
torieuse. . . . . . — 165
129-136. La connoissance de Dieu, et
les sept vertus chrétiennes. Suite
de huit estampes. . . . — 166
129) La connoissance de Dieu. . — 166
130) La prudence. . . . — 167
131) La charité. . . . — 167
132) La justice. . . . — 167
133) La foi. . . . . — 167
134) L'espérance. . . . — 167
135) La force. . . . — 167
136) La tempérance. . . . — 167
137. La charité. . . . . — 168
138. La patience. 1540. . . — 168
139. La fortune. 1520. . . — 169
140. La bonne fortune. 1541. . — 170
141. La fortune contraire. . — 170
142. Le triomphe. . . . — 171
143. Ce même sujet, avec quelques
différences. 1549. . . — 171

144. La mélancolie. 1539.   .   .   VIII. p.172

145. L'impossible. 1549. .   .   .   —   172

146. La mort surprenant la femme endormie. 1548.   .   .   .   .   —   173

147. La mort se saisissant d'une femme. 1526.   .   .   .   .   .   —   173

148. La jeune femme accompagnée d'un bouffon. 1540.   .   .   .   —   174

149. Répétition de la planche précédente. 1541.   .   .   .   .   —   174

150. La mort se saisissant d'une femme nue et debout. 1546.   .   .   —   175

151. La mort et les trois sorcières. .   —   176

152. Les deux impudiques et la mort. 1529.   .   .   .   .   .   .   —   176

153. La nuit. 1548.   .   —   177

Sujets de genre.

a. Figures de villageois.

154-163. Les noces de village. 1546. Suite de dix estampes.   .   .   —   177

154) 1. Fabianus Jenner. 2. Mathias Hornung. 1546.   .   .   .   —   178

155) 3. Gregorius Mercz, 4. Marcus April.   .   .   .   .   —   178

156) 5. Philippus Mei. 6. Johannes Brachmon.   .   .   .   .   —   178

157) 7. Jacob Heumon. 8. Laurencius Augustmon. 1546.   .   .   —   178

158) 9. Egidius Herbstmon. 10. Simon Weimon.   .   .   .   —   178

159) 11. Martinus Wintermon. 12. Nicolaus Christmon.   .   .   —   178

160) Un couple de danseurs et deux musiciens. 1546. . . VIII. p. 179
161) *Alder du must danczen.* . — 179
162) Des paysans qui se battent. 1547. . . . . . — 179
163) Un paysan faisant des caresses à une femme. . . . — 180
164. Le banquet. . . . . — 183
165. Des paysans qui se battent. . — 184
166-177. Noces de villages. 1537. Suite de douze estampes. . . — 185
166) Deux musiciens. . . . — 185
167) Un couple de danseurs. . — 185
168) Autre couple. . . . — 185
169) Autre couple. . . . — 185
170) Autre couple. . . . — 185
171) Autre couple. . . . — 186
172) Autre couple. . . . — 186
173) Autre couple. . . . — 186
174) Autre couple. . . . — 186
175) Le mari surpris avec une jeune villageoise. . . . — 186
176) Un paysan prenant des licences avec une femme. . . — 187
177) Un paysan faisant ses nécessités. 1537. . . . . — 187
178-185. Marche des nouveaux mariés de village. Suite de huit estampes. . . . . . . — 188
178) Trois musiciens. . . . — 188
179) Un couple de danseurs. . — 189
180) Autre couple. . . . — 189
181) Autre couple. . . . — 189
182) Autre couple. . . . — 189

183) Autre couple. . . . VIII. p. 189
184) Autre couple. . . — 189
185) La nouvelle mariée entre son
mari et son père. . . . — 190
186. Le paysan au marché. . . — 190
187. La paysanne au marché. . . — 191
188. Le paysan à la fourche. 1542. — 191
189. Et son compagnon. . . — 192
190. Les musiciens. . . . . — 193
191. Le paysan allant au marché. 1520. — 193
192. La paysanne allant au marché.
1520. . . . . . — 194
193. Le vendeur d'oeufs. 1520. . — 194
194. Le paysan dansant avec une
nouvelle mariée. 1522. . . — 195
195. Le joueur de cornemuse. 1520. — 195
　　　　b. Figures militaires.
196. Les trois soldats et le chien. . — 196
197. La sentinelle auprès des tonneaux. . . . . . — 197
198. L'enseigne, le tambour et le
fifre. 1543. . . . . — 197
199. Le porte-enseigne et le tambour.
1544. . . . . . — 198
200. Le porte enseigne. 1526. . . — 198
201. Le porte-enseigne. 1519. . — 199
202. Le soldat amoureux. 1521. . — 199
203. Le soldat. 1520. . . . — 200
　　　　c. Différens autres sujets.
　　　　　1. En hauteur.
204. Buste de femme. 1518. . . — 200
205. La femme à la harpe. . . — 201
206. Le vieillard et le valet portant
un sac. . . . . . — 201

207. La femme se baignant les pieds. VIII. p. 202
208. Les trois femmes au bain. 1548. — 203
209. Le baiser. 1526. . . — 203

2. *Pièces rondes, et pièces en largeur.*

210. Groupe d'enfans nuds. . . — 204
211. Enfant assis, endormi. . . — 204
212. Le bouffon et les deux couples
  d'amoureux. . . . . — 204
213. Les deux bouffons. . . . — 206
214. Le bouffon et les baigneuses. 1541. — 207
215. La femme couchée, vue par le
  dos. . . . . . — 208
216. Le berger. 1525. . . — 209
217. Groupe de quatre chevaux. . — 210
218. Tête de cheval. . . . — 210
219. Etude d'une tête d'homme. 1542. — 211
220. Etude d'une tête de femme. 1542. — 211
221. Trois médailles. . . . — 212
222. Les revers de ces trois médailles. — 212

Vignettes.

223. Vignette à la cuirasse. . . — 213
224. Vignette à l'aigle. . . — 213
225. Vignette aux Satyres. . — 213
226. Vignette au Sphinx. 1544. . — 214
227. Vignette à la cuirasse entre deux
  génies. 1544. . . . . — 214
228. Vignette au mascaron. 1544 . — 214
229. L'alphabet romain. 1545. . — 215
230. Le petit bouffon. 1542. . — 215
231. Le mascaron. 1543. . — 215
232. La satyresse entre les deux Satyres. . . . . . — 216
233. Le vase au milieu de deux génies. — 216

234. L'homme fantastique.   .   .   VIII. p.216
235. Les deux têtes de poisson.   .   —   217
236. Les deux génies. 1544.   . .   —   217
237. Le char de triomphe.   . .   —   217

Vases montans d'ornemens etc. Et chapitaux de colonnes.

238. Vase supporté par deux génies.
    1526. . . .   .   .   —   218
239. Vase. 1530.   .   .   . .   —   218
240. Vase orné de trois ronds. 1530.   —   219
241. Vase aux oves allongés. 1530.   —   219
242. Vase orné d'enfans. 1531.   .   —   219
243. Montant d'ornemens. 1524.   .   —   220
244. Montant d'ornemens.   . .   —   220
245. Montant d'ornemens. 1527.   .   —   220
246. Montant d'ornemens. 1526.   .   —   221
247-250. Desseins de chapiteaux de
    colonnes.   .   .   .   .   .   —   221
   247) I. Chapiteau. 1545.   . .   —   221
   248) II. Chapiteau. 1543   . .   —   222
   249) III. Chapiteau. 1545. . .   —   222
   250) IV. Chapiteau. 1545. . .   —   222
251. Trois chapiteaux de colonnes.   —   222
252. Colonne Corinthienne ; au trait.
    1543.   .   .   .   .   —   223
253. Colonne Corinthienne ; finie.
    1543.   .   .   .   .   —   223

Armoiries.

254. Les armoiries de Sebald Be-
    ham. 1544.   .   .   .   —   224
255. Armoiries d'imagination. 1544.   —   225
256. Les armoiries au coq. 1543. .   —   225

257. Les armoiries à l'aigle. 1543.   VIII. p. 226
258. Génie tenant un écusson d'ar-
    mes. 1535.   .   .   .   .   —   226
259. Autre génie tenant un écusson
    d'armes.   .   .   .   .   .   —   227

Pièces faussement attribuées à **H. S. Beham.**

1. Adam et Eve. 1529.   .   .   .   —   227
2. La circoncision.   .   .   .   —   228
3. Paysage. 1553.   .   .   .   .   —   228
4. Trois têtes de mort. 1529.   .   —   229
5. Les divinités qui président aux sept
    planètes. Suite de sept estampes.   —   229

Pièces gravées en bois.

1-73. Différens sujets de l'ancien tes-
    tament, les quatre évangélistes et
    S. Paul. Suite de soixante et trei-
    ze pièces.   .   .   .   .   .   —   230
74-83. Les premiers patriarches, leurs
    femmes et leurs enfans. Suite de
    dix pièces.   .   .   .   .   —   232
84-91. La passion de Jésus Christ.
    Suite de huit estampes.   .   .   —   232
    84) La cène.   .   .   .   .   —   233
    85) Jésus Christ au mont des olives.   —   233
    86) Il est pris par les Juifs. 1535.   —   233
    87) Il reçoit un souflet chez Caï-
        phe. 1535.   .   .   .   .   —   233
    88) Pilate montrant J. C. au peuple.   —   233
    89) Jésus Christ portant sa croix.   —   233
    90) Jésus Christ attaché à la croix.   —   233
    91) Jésus Christ porté au tombeau.   —   233
92-120. Les visions de l'apocalypse

de S. Jean. Suite de vingt huit pièces. . . . . . VIII. p. 233

121. S. Famille sous une tente. . — 234

122. La Vierge avec l'enfant Jésus. — 234

123. S. famille, sous un arbre. . — 234

124. S. Jerôme. . . . . — 235

125-127. L'histoire de l'enfant prodigue. Suite de trois pièces. . — 235

128. L'histoire de l'enfant prodigue. — 235

129-131. Les quatorze Césars romains. . . . . — 236

129) La première feuille : *Jules César* etc. . . . — 236

130) La seconde feuille : *Octavien Auguste* etc. . . . — 237

131) La troisième feuille : *Claude Tibère Drusus* etc. . . — 237

132-136. Les religieux. Suite de cinq pièces. . . . . — 237

132) Le premier. . . . — 237

133) Le second. . . . — 238

134) Le troisième. . . . — 238

135) Le quatrième. . . . — 238

136) Le cinquième. . . . — 238

137. Un religieux assis près d'un arbre. . . . . — 239

138. Un religieux assis sur une souche. . . . . — 239

139. Un religieux assis sur une butte. — 239

140-158. Livre de dessein intitulé : *Sebalden Behems Kunst und Lehr Buchlein*, en vingt sept feuilles. — 239

140) Tête d'homme, vue de profil. — 240

141) Autre tête d'homme, tournée vers la gauche. . . . VIII. p. 240
142) Une paysanne portant une oie. — 240
143) Un paysan portant un pot. . — 240
144) Quatre têtes d'hommes chauves. . . . . . — 240
145) Une femme ailée, assise. . — 241
146) Têtes d'homme chauve, vue de profil. . . . . — 241
147) Autre tête d'homme, vue de face. . . . . . — 241
148) Deux têtes de mort. . . — 241
149) Buste de vieillard. . . — 241
150) Tête d'enfant, vue de face. . — 242
151) Autre tête d'enfant, vue de profil. — 242
152) Buste d'homme, vu de profil. — 242
153) Un ange courant vers la gauche. . . . . . — 242
154) S. Pierre et S. Paul en bustes. — 242
155) Un gros paysan debout. . — 242
156) Vignette. . . . . — 242
157) Un cheval en repos. . . — 242
158) Un cheval vu de profil. . — 242
159. Un paysan marchant vers la droite. . . . . . — 242
160. Un paysan debout. . . — 243
161. Jeune homme et jeune femme assis à terre. . . . . — 243
162. Jeune homme assis vis-à-vis d'une jeune femme. . . . — 243
163. Homme jouant d'une espèce de basse de viole. 1520. . . — 244
164. Une controverse entre un théologien et M. Luther. . . — 244

165. La fontaine de Jouvence.	VIII. p.	245
166. Le cavalier et les neuf femmes.	—	245
167. Un bain.	—	245
168. Fête de village.	—	245
169. Fête militaire donnée en l'honneur de Charles V, 1530.	—	247
170. Marche de soldats.	—	248
171. Autre marche de soldats.	—	248

156. **HSD** Excellent graveur qui a copié les douze apôtres de H. S. Beham. . . . . . IX. 545

157. **HSD** . . . . IX. 395

Gravure en bois.

1. Vue de la ville de Worms.	IX.	396

158. **HSF** . . . . IX. 232

1. L'homme assis sur une cuirasse. 1547.	—	232

159. **HSK** Hans Spring-inklee. . . . . VII. 222

Gravures en bois.

1-50. Différens sujets. Suite de 50 pièces qui se trouvent dans un ouvrage intitulé : Hortulus animae.	—	323
1) Titre. La Vierge assise sur le croissant.	—	323
2) Bethsabée au bain.	—	323

3) L'annonciation.   .   .   VII. p. 323
4) La Nativité.   .   .   .   .   —   324
5) La Nativité.   .   .   .   .   —   324
6) L'adoration des Mages.   .   .   —   324
7) J. C. au mont des olives.   .   —   324
8) Le crucifix.   .   .   .   .   —   324
9) La résurrection.   .   .   .   —   324
10) La Vierge immaculée.   .   .   —   324
11) La Vierge assise sur un trône.   —   324
12) La Vierge douloureuse.   .   —   324
13) La mort de la Vierge.   .   .   —   325
14) S. Pierre.   .   .   .   .   —   325
15) S. André.   .   .   .   .   —   325
16) S. Jacques le majeur.   .   .   —   325
17) S. Jean l'évangéliste.   .   .   —   325
18) S. Philippe.   .   .   .   .   —   525
19) S. Barthélemy.   .   .   .   —   325
20) S. Matthieu.   .   .   .   .   —   325
21) S. Thomas.   .   .   .   .   —   325
22) S. Jacques le mineur.   .   .   —   325
23) S. Judas Thaddée.   .   .   —   325
24) S. Mathias.   .   .   .   .   —   325
25) S. Paul.   .   .   .   .   —   326
26) S. Antoine l'Ermite.   .   .   —   326
27) S. Augustin.   .   .   .   .   —   326
28) S. Christophe.   .   .   .   —   326
29) S. Etienne.   .   .   .   .   —   326
30) S. François stigmatisé.   .   .   —   326
31) S. George.   .   .   .   .   —   326
32) S. Grégoire célébrant la messe.   —   326
33) Le baptème de Jésus Christ.   —   326
34) S. Jerôme.   .   .   .   .   —   326
35) S. Martin.   .   .   .   .   —   327
36) S. Michel.   .   .   .   .   —   327

37) S. Roch. . . . . VII. p. 327
38) S. Sébastien. . . . . — 327
39) S. Anne et la S. Vierge. . — 327
40) S. Apollonie. . . . . — 327
41) S. Barbe. . . . . — 327
42) S. Catherine. . . . — 327
43) S. Dorothée. . . . — 327
44) Marie Madelaine transportée
au ciel. . . . . . — 327
45) S. Marguerite. . . . — 328
46) S. Ursule. . . . . — 328
47) Une sainte délivrant un roi
du purgatoire. . . . — 328
48) Un S. Evêque écrivant. . — 328
49) Un prêtre donnant la communion à un seigneur. . . — 328
50) Un enterrement. . . . — 328
51. La nativité. . . . . — 328
52-56. Les douze Apôtres, deux à
deux. Suite de sept pièces. . — 328
52) S. Pierre et S. Paul. 1520. . — 329
53) S. Barthélemy et S. Matthieu.
1520. . . . . . — 329
54) S. André et S. Mathias. 1520. — 329
55) S. Simon et S. Judas Thaddée.
1520. . . . . . — 329
56) S. Thomas. 1521. . . . — 329
57. S. Jerôme. . . . . — 329
58. Un roi implorant S. George. . — 329
59. La Trinité. . . . . — 330
60. Le purgatoire. . . . — 330
61. Femme arrosant une grappe de
raisin avec le lait de ses mamel-
les. 1522. . . . . — 330

160. HSL/ Hans Sebald
Lautensack. . . . IX. p. 207

Portraits.

1. Un homme à mi-corps. 1554.	.	—	208
2. Paul Lautensack. 1552.	.	—	209
3. Jean Sébastien Phauser. 1555.	.	—	209
4. Jean Dreher. 1555.	.	—	209
5. Un des Freyberg d'Aschau. 1553.		—	210
6. Une femme à mi-corps. 1553.	.	—	210
7. Jerôme Schurstab. 1554.	.	—	210
8. Jean de Thaw.	.	—	210
9. Portrait d'homme, à mi-corps. 1554.		—	211
10. Portrait d'une jeune femme. 1553.		—	211
11. Portrait d'homme, à mi-corps. (Leon d'Eck.) 1553.	.	—	211
12. Portrait de la femme du précédent. 1553.	.	—	212
13. Un homme à mi-corps. 1553.	.	—	212
14. Maximilien, roi de Bohème etc. 1555.	.	—	212
15. Ferdinand, roi des romains etc. 1556.	.	—	213
16. Charles archiduc d'Autriche etc. 1554.	.	—	213

Différens sujets.

17-19. Jeux d'enfans nuds. Suite de trois planches.	.	—	213
17) Sept enfans. 1552.	.	—	213
18) Sept enfans qui dansent. 1552.		—	214
19) Sept enfans. 1552.	.	—	214

20. Sujet de bataille. 1546. . . IX. p. 214

21. Le tournoi de Vienne en 1560.
1560. . . . . . . — 214

22. Les armoiries des comtes d'Egh
et des barons de Pentzenau. 1552.
Tramite dispositos. etc. . . — 215

23. Les armoiries des familles d'Egh
et de Bentzenau. Stemmataque tri-
buit. 1552. . . . . . — 215

Paysages.

24-35 Différens paysage en hauteur.
Suite de douze estampes. . . — 216

24) Paysage au soleil. 1553. . — 216

25) Le château entouré de murs.
1553. . . . . . — 216

26) Le saule au devant. 1553. . — 216

27) Le moulin à quatre roues. 1553. — 217

28) Le moulin à deux roues. 1553. — 217

29) Pays montueux. 1554. . . — 217

30) Le rocher percé. 1554. . . — 218

31) Le pont de bois courbé. 1554. — 218

32) Paysage composé de deux planches. 1551. . . . — 218
33)

34) Autre paysage composé de deux
planches. 1551. . . — 219
35)

Paysages en largeur.

36. La grande église avec le clocher
carré. 1553. . . . . — 220

37. Le village au clocher pointu. 1553. — 220

38. La ville à vue d'oiseaux. 1554. — 221

39. Le vaste bâtiment sur un rocher.
1553. . . . .   IX. p. 221
40. La rue du village. 1553. . .   —   222
41. Le saule se penchant sur l'eau.
1553. . . . .   —   222
42. L'église entourée d'arbres. .   —   222
43. La ville située au pied d'un grand
rocher. 1553. . . . .   —   223
44. L'arbre brisé. 1544. . . .   —   223
45-50. Différens paysages ornés de
sujets de la bible. Suite de six estampes. . . . . .   —   224
45) La fuite en Egypte. 1555.   —   224
46) Jésus Christ baptisté dans le
Jourdain. 1554. . . .   —   224
47) J. C. tenté par le démon. 1554.   —   224
48) La femme cananéenne implo-
rant Jésus Christ de guérir sa
fille. 1554. . . . .   —   225
49) J. C. rendant la vue à un aveugle. 1555. . . . .   —   225
50) J. C. maudissant le figuier. 1554.   —   225
51. David tuant Goliath. 1551. .   —   226
52. Le cavalier suivi d'un chasseur.   —   226
53. Le chariot chargé d'échalas. 1559.   —   226
54-57. Différens paysages ornés de
sujets de la bible. Suite de quatre
estampes. . . . . .   —   227
54) L'ange consolant Agar. . .   —   227
55) L'ange s'opposant à Balaam.   —   227
56) La fuite en Egypte. 1558. .   —   228
57) Le bon Samaritain. . .   —   228
58. Vue de la ville de Nuremberg,
du côté d'Ouest. 1552. . .   —   228

59. Autre vue de cette même ville,
du côté de l'est. 1552. . . IX. p. 229

Gravures en bois.

1. Portrait de Jean Aventinus. . — 230
2. Un porte-enseigne. . . . — 230

Pièce faussement attribuée à H. S. Lautensack.

Portrait de Christierne roi de Dannemarc. . . . . . — 230

161. Ce numéro offre un monogramme composé des lettres H , R, S,
T, A et E. Il se trouve dans les
planches des monogrammes sous
Nr. 161 et Nr. 286, parce que les
deux lettres principales , dont il
est composé, sont les lettres H et R

162. . . . . . . IX. 546
1. L'homme de douleurs. 1571. . — 546

163. H . . . . . IX. 52
1. Mutius Scevola. . . . — 52

164. 1482. . VI. 312
1. Jésus Christ à la croix. . . — 312
2. Le pouvoir de la mort. . . — 312
3. La femme tenant la banderole. — 313

165. . . . . VI. 415
1. La Vierge. 1504. . . . — 415

166. **H W.** . . . . . IX. p 441

Gravure en cuivre.

1. Frise au médaillon offrant Marc
Curce. . . . . — 441

Gravure en bois.

1. La Trinité. . . . — 442

167. **H** . . . . . IX. 518

1. Morceau composé de onze pièces
jointes en largeur. . . . — 518
  1) Deux femmes montées sur des
  mulets. . . . . — 519
  2) Un cavalier suivi de deux
  piétons. . . . . — 519
  3) Trois hommes accompagnés de
  deux lévriers. . . . — 519
  4) Trois hommes tuant un lion. . — 519
  5) Un homme décochant une flèche
  sur un lion. . . . — 519
  6) Un cavalier et deux piétons accompagnés de quatre chiens. . — 519
  7) Un cavalier portant un coup de
  sabre à un taureau farouche. . — 519
  8) Trois hommes et deux femmes
  échappant à la fureur du taureau farouche. . . . — 519
  9) Deux cavaliers précédés de deux
  chasseurs. . . . . — 520
  10) Un cavalier et deux hommes
  à pied tuant un cerf. . — 520

11) Groupe de trois femmes qui accourent. 1540. . . . IX. p. 520

168. HW.   VII.   466

Gravures en bois.

1. L'écusson d'armes de Bavière soutenu par deux guerriers. . . — 466
2. Ce même morceau, gravé une seconde fois. . . — 467
3. Un tribunal. 1520. . . . — 467

169. HXW   . . . VII.   470

Gravures en bois.

1. Le petit Sauveur. 1519. . . — 470
2. Un fifre allemand. . . . — 470
3. Un juif entre un jurisconsulte et une femme. . . . . — 470

Hameel, Alart du. Voyez Nr. 111.

Hamer, Etienne.

Gravures en bois.

1. Griffonnage à Jonas sortant de la baleine. . . . . . IX.   151
2. Autre pièce semblable. . . — 152

Hannas, Marc-Antoine. Voyez Nr. 236.

Hirschvogel, Augustin. V. Nr. 109.

Hopfer, D. Voyez Nr. 68.

Hopfer, Jerôme. Voyez Nr. 178.

Hopfer, Lambert. Voyez Nr. 203.

Hornick, Erasme. Voyez Nr. 78.
Huys, Pierre. Voyez Nr. 268.

I.

170. **I A.** Josse Amman.   IX. p. 351

Gravures à l'eau-forte et au burin.

Suites.

1. Les douze femmes les plus remar-
   quables de l'ancien testament.
   Suite de douze pièces.   .   .   —   352
   1) Eve.   .   .   .   .   .   —   353
   2) Sara.   .   .   .   .   .   —   353
   3) Rebecca.   .   .   .   .   .   —   353
   4) Rachel.   .   .   .   .   .   —   353
   5) Lea.   .   .   .   .   .   .   —   353
   6) Jaël.   .   .   .   .   .   —   353
   7) Ruth.   .   .   .   .   .   —   353
   8) Michal.   .   .   .   .   .   —   353
   9) Abigaïl.   .   .   .   .   .   —   353
   10) Judith.   .   .   .   .   .   —   353
   11) Esther.   .   .   .   .   .   —   353
   12) Susanne.   .   .   .   .   —   353
2. Les visions de l'apocalypse de S.
   Jean. Suite de douze estampes.   .   —   353
3. Les douze mois de l'année. Suite
   de douze estampes.   .   .   .   —   354
4. Les douze mois de l'année. Suite
   de douze estampes.   .   .   .   —   354
5. Les cinq sens de l'homme. 1586   --   355

6. Différentes figures de guerriers, trois à quatre sur une même planche. Suite de huit estampes. 1590. . IX. p. 355
7. Les duellistes. Suite de cinq pièces. — 356
  1) Un peintre et un barbouilleur. — 556
  2) Deux orfévres. . . . — 356
  3) Deux sculpteurs. . . . — 356
  4) Deux forgerons. . . . — 356
  5) Deux autres artisans. . . — 356
8. Les chasses. Suite de huit estampes. — 357
9. Les portraits des électeurs, ducs et princes de Bavière et de leurs épouses, en pied. Suite de quatre-vingts pièces. . . . . — 357
10. Les portraits de Rois de France. Suite de quarante deux pièces. . — 357
11. Perspectiva corporum regularium. Suite de cinquante pièces. — 357
12. Différens sujets militaires. Suite de quinze pièces. 1572. . . — 360
Pièces détachées.
13. Représentation d'une diète de l'empire Germanique. . . . — 361
14. Le feu d'artifice. 1570. . . — 361
15. Les habillemens et les moeurs de différentes nations des quatre parties du monde. . . . . — 361
16. Un arc triomphal. . . . — 362
17. Portrait de Gaspard de Coligni. 1573. . . . . . — 362
18. Celui de Fréderic, évêque de Wurzbourg. 1572. . . . — 363
19. Celui de Jean Sachs. 1576. . — 363

20. Celui de Sigismond Feyerabend. 1569. . . . . IX. p. 364
21. Celui d'un savant, à mi-corps. — 364
22. Huit bustes sur une même planche. — 364
23. Cartouche offrant un écu d'armes. — 365

Gravures en bois.

Suites.

1. Pièces pour la bible allemande de M. Luther. Francfort. 1565. . — 365
2. Sujets de l'évangile. Suite de soixante et dix-huit pièces. . . — 366
3. Les principaux évenemens de l'histoire romaine de Tite Live. *Icones Livianae* etc. Suite de soixante et quinze pièces. . . . — 367
4. Différens sujets pieux et profanes. Suite de deux cents quatre-vingt neuf pièces. . . . . — 368
5. *Artliche und kunstreiche Figuren zu der Reiterey* etc. Suite de quatre-vingt douze pièces. . . — 369
6. Costumes du clergé de l'église catholique romaine. *Cleri totius romanae ecclesiae* etc. Suite de cent trois pièces. . . . . — 370
7. Les habillemens des femmes de différentes nations. *Gynaeceum* etc. Suite de cent vingt-deux pièces. — 370
8. Les différentes conditions ecclésiastiques, civiles et militaires des hommes. *Panoplia omnium illiberalium mechanicarum* etc. Suite de cent trente pièces. . . — 371

162   TABLE GÉNÉRALE.

9. Différens sujets de chasses. *Künstliche wohlgerissene neue Figuren
von allerley Jagd-und Waidwerck*
etc. Suite de quarante pièces.   .   IX. p. 371

10. Reinier le renard. *Hartmanni
Schopperi speculum vitae aulicae*
etc. Suite de cinquante pièces. .   —   372

11. *Geschlechter-Buch der Reichsstadt
Augsbourg* etc. Suite de cent cinquante pièces.   .   .   .   .   —   373

12. Différens sujets de la bible, pour
l'histoire de Flavius Joseph. Suite
de vingt-quatre pièces.   .   .   —   374

13. Quatre pièces emblématiques pour
le livre d'emblèmes par Nic.
Reusner.   .   .   .   .   .   —   374

14. Pièces qui entrent dans l'ouvrage de Marc Rumpolt, intitulé :
Ein neu Kochbuch etc.   .   —   375

  1) Vignette offrant une cuisine.   —   375

  2) Vignette offrant l'écusson des
armes de Dannemarc.   .   .   —   375

  3) Un prince donnant des ordres à
ses gens de cour.   .   .   .   —   375

  4) Un prince parlant à un de ses
ministres.   .   .   .   .   —   376

  5) Un échanson remettant un gobelet à un seigneur.   .   .   —   376

  6) Un échanson.   .   .   .   —   376

  7) Un grand banquet impérial.   .   —   376

  8) Un banquet royal.   .   .   —   377

  9) Un seigneur parlant à une dame.   —   377

  10) Un banquet d'un roi de
Hongrie.   .   .   .   .   —   377

11) Lazare au bas de l'escalier du palais du mauvais riche. . IX. p. 377
12) Les noces de Cana. . . — 377

Pièces détachées.

15. L'histoire d'Adam et d'Eve. . — 378
16 Frontispice de livre. . . . — 378
17. Jésus Christ instruisant ses disciples. . . . . . — 379
18. S. Christophe. . . . — 379
19. Portrait de M. Luther. . . — 379
20. Celui d'Etienne Bathory. . . — 379
21. Un Tournoi. 1565. . . . — 380
22. Un soldat allemand. 1550. . — 380
23. L'office d'un bon colon. . . — 380
24. Le temps retirant la vérité de l'abyme de l'obscurité. 1562. . — 380
25. Pièce allégorique sur le commerce. — 381
26. Marche de soldats, en cinq pièces. — 382
27. Vue de la place de S. Marc à Venise. . . . . . — 382

170. a. **IB.** . . . . VIII. 299

Sujets pieux.

1-3. Trois sujets de la vie de Jésus Christ. Suite de trois estampes. . — 299
1) La circoncision. . . . — 299
2) Jésus Christ dormant dans le bateau pendant un orage. . — 299
3) J. C. consolant le centenier. . — 300
4. La Vierge. . . . . . — 300
5. La Vierge assise au pied d'une muraille. 1514 . . . — 300

164   TABLE GÉNÉRALE.

6. S. Luc.	VIII. p.	3o1
7. S. Jerôme.	—	3o1

Histoire profane, et Portraits.

8. Marc Curce. 1529.	—	3o1
9. Martin Luther. 153o.	—	3o2
10. Philippe Melanchton. 153o.	—	3o3
11-17. Les divinités qui président aux sept planètes. Suite de sept estampes.	—	3o3
11) Saturne. 1529.	—	3o3
12) Jupiter. 1528.	—	3o3
13) Mars. 1528.	—	3o4
14) Le Soleil. 1528.	—	3o4
15) Vénus. 1528.	—	3o4
16) Mercure. 1528.	—	3o4
17) La Lune. 1529.	—	3o4
18. Apollon et Diane.	—	3o4
19. Triomphe de Bacchus. 1528.	—	3o5
20. Combat de deux Tritons.	—	3o5
21. Combat de gladiateurs à pied.	—	3o6
22. Combat de gladiateurs à cheval et à pied.	—	3o6
23-29. Les sept vertus chrétiennes. Suite de sept estampes.	—	3o7
23) La foi.	—	3o7
24) L'espérance.	—	3o7
25) La charité.	—	3o7
26) La justice.	—	3o7
27) La patience.	—	3o8
28) La force.	—	3o8
29) La tempérance.	—	3o8
3o. Pièce emblématique. 1529.	—	3o8
31. Le génie de l'histoire.	—	3o9

Sujets d'enfans.

32. Génie.	VIII. p.	309
33. Les trois enfans et l'armure.	—	310
34. Les deux génies au pied de la colonne. 1529.	—	311
35. Les enfans vendangeurs. 1529.	—	311
36. Le joueur de cornemuse.	—	312
37. Le marché.	—	312
38. Le paysan de marché. 1523.	—	313

Vignettes.

39. Le montant à la cuirasse.	—	313
40 et 41. Deux petites vignettes en regard.	—	313
40) La première.	—	313
41) La seconde.	—	314
42. La vignette aux deux vases.	—	314
43. La seconde moitié de la vignette précédente.	—	314
44. La vignette aux trois médaillons.	—	315
45. La vignette aux deux Tritons.	—	315
46. La vignette au Satyre au milieu de deux dauphins.	—	316
47. Vignette aux deux petits génies.	—	316
48. La vignette à la femme entre deux génies.	—	317
49. La grande vignette à la cuirasse.	—	317

Desseins de gaines.

50. La gaine au guerrier. 1528.	—	317
51. La gaine à la femme ailée.	—	318
52. La gaine à la Vénus.	—	318

171. **I. C.** Jean de Culm-
bach. . . . . VI. p. 382

1-12. La passion de Jésus Christ.
Suite de douze estampes. . — 383

1) Jésus Christ à la montagne des
oliviers. . . . . . — 383

2) La prise de Jésus Christ. . — 383

3. Jésus Christ devant le grand-
prêtre. . . . . . — 384

4) La flagellation. . . . — 384

5) Le couronnement d'épines. . — 384

6) Jésus Christ devant Pilate. . — 384

7) Jésus Christ présenté au peuple. — 384

8) Le portement de croix. . — 385

9) Le crucifiement. . . . — 385

10) La sépulture. . . . — 385

11) La descente aux limbes. . — 385

12) La résurrection. . . . — 385

13. Le portement de croix. . . — 385

14. S. Michel. . . . . — 386

172. **ID.** Jean Duvet,
nommé le maître à la
licorne. . . . . VII. 496

1. Le mariage d'Adam et d'Eve. . — 498

2. Moïse. . . . . . — 498

3. L'annonciation. . . . — 499

4. La nativité. . . . . — 499

5. J. C. à la croix entre les deux larrons. — 500

6. La Sépulture. . . . — 500

7. La Vierge. . . . . — 501

8. S. Jean Baptiste et S. Jean l'évangéliste. 1528.   .   .   .   .   VII. p. 5o1
9. Moïse et S. Pierre.   .   .   .   —   5o2
1o. S. Sébastien, S. Antoine et S. Roch.   —   5o2
11. Judas pendu.   .   .   .   .   —   5o3
12-35. Les visions de l'apocalypse
de S. Jean. Suite de vingt-quatre
pièces.   .   .   .   .   .   —   5o3
12) Jean Duvet occupé de l'étude
du sens de l'apocalypse. 1555.   —   5o3
13) S. Jean en extase. .   .   .   —   5o4
14) Les sept chandeliers d'or.   .   —   5o4
15) Un trône dressé, et quelqu'un
assis sur ce trône.   .   .   .   —   5o4
16) Les quatre chevaux de différentes couleurs.   .   .   .   —   5o4
17) L'ouverture du sixième sceau.   —   5o5
18) Quatre anges retiennent tous
les vents.   .   .   .   .   —   5o5
19) Les Saints ayant des palmes à
la main. .   .   .   .   .   —   5o6
20) L'ouverture du septième sceau.
Sept anges avec des trompettes.   —   5o6
21) La sixième trompette.   .   .   —   5o6
22) Ange ayant un visage comme
le soleil. .   .   .   .   .   —   5o7
23) Les deux prophètes.   .   .   —   5o7
24) La femme revêtue du soleil.   —   5o7
25) Le combat de S. Michel con-
tre le dragon.   .   .   .   —   5o8
26) La bête à sept têtes et à dix
cornes.   .   .   .   .   .   —   5o8
27) Le fils de Dieu assis sur une
nuée blanche.   .   .   .   .   —   5o8

168   **TABLE GÉNÉRALE.**

28) Le vainqueurs de la bête chantent le cantique de Moïse	VII.	p. 509
29) Babylone, la grande prostituée, assise sur une bête à sept têtes etc.	—	509
30) La chute de la grande Babylone.	—	510
31) J. C. monté sur un cheval blanc.	—	510
32) L'ange appellant les oiseaux pour manger la chair des rois.	—	510
33) L'ange qui a la clef de l'abyme.	—	511
34) La nouvelle Jérusalem descendant du ciel.	—	511
35) L'ange montre à S. Jean le fleuve d'eau vive sortant du trône de dieu.	—	511
36. Le martyre de S Jean l'évangéliste.	—	512
37. La Sibylle.	—	512
38. L'Amour, un homme et une femme. 1528.	—	513
39-42. Quatre sujets emblématiques.	—	513
39) Le premier.	—	513
40) Le second.	—	514
41) Le troisième.	—	514
42) Le quatrième.	—	514
43. La majesté royale.	—	514
44. Poison et contre-poison.	—	515
45. Le roi de France.	—	516

173. I D.

	VIII.	540
1. L'intempérance. 1530.	—	540
2. Mars. 1530.	—	541

174. I F.

	VIII.	24
1. Figure de femme allégorique.	—	24

175. IG.   .   .   .   .   IX. p. 406

Gravure en bois.

1. Plan de la ville de Freiberg en Misnie.   .   .   .   .   —   406

176. ℐALION.   .   .   IX.   143

Sujets pieux.

1. L'étable de Bethléem.   .   .   —   144
2. Le massacre des innocens.   .   —   144
3. La flagellation de Jésus Christ.   —   144
4. Marie de Lorette.   .   .   .   —   145
5. La Vierge assise sur un autel.   —   145
6. La Vierge avec l'enfant Jésus.   .   —   145
7. Le mariage de S. Catherine.   .   —   146
8. S. Eloy et le roi Dagobert.   .   —   146
9. S. Eloy.   .   .   .   .   —   147
10. Le jeune S. Jean Baptiste.   .   —   147

Sujets profanes.

11. L'enfant assis.   .   .   .   —   147
12. L'Amour.   .   .   .   —   148
13. Le singe.   .   .   .   .   —   148
14. L'enfant dans la galerie.   .   —   148
15. Les danseuses.   .   .   .   —   149
16. Laocoon.   .   .   .   .   —   149

177. ℐℙ.   .   .   .   .   VIII.   6

1. Montant d'ornemens.   .   .   —   6

178. I ⚓ H. Jerome Hopfer.

. . . . IX. p. 506

Sujets pieux.

1. La nativité. . . . . — 506
2. Les trois rois. . . . . — 506
3. La fuite en Egypte. . . . — 506
4. Un homme portant un berceau, suivi d'une femme. . . . — 507
5. La Vierge debout. . . . — 507
6. La Vierge debout. . . . — 507
7. La Vierge allaitant l'enfant Jésus. — 507
8. La Vierge assise au pied d'une muraille. . . . . . — 508
9. La Vierge entourée d'anges. . — 508
10. La mort de la Vierge. . . — 508
11. L'assomption de la Vierge. . — 509
12. La S. Famille. . . . — 509
13. S. Christophe. . . . — 509
14. S. Erasme. . . . . — 509
15. S. Eustache. . . . — 509
16. S. George à cheval. . . — 510
17. S. George debout. . . — 510
18. S. Jerôme dans sa cellule. . — 510
19. S. Jerôme en pénitence. . . — 510
20. Judith et S. Catherine. . . — 510
21. La décollation de S. Catherine. — 511
22. Le Sauveur et quatre Saints, dans des niches. . . . — 511

Sujets de mythologie.

23. Apollon marchant sur la sphère céleste. . . . . — 511
24. Vénus et l'Amour. . . — 512

25. Hercule étouffant Anthée. .   .   IX. p. 512
26. Hercule déchirant le lion.   .   —   512
27. Bacchus entouré de Bacchans et
    de Bacchantes.   .   .   .   .   —   512
28. Silène entouré d'Amours.   .   —   513
29. Danse de Faunes et Bacchantes.   —   513
30. Les amours d'un Triton et d'une
    Sirène.   .   .   .   .   —   513
31. Deux Satyres dont un boit dans
    une outre.   .   .   .   .   —   514
32. Satyre-jouant du violon, accom-
    pagné d'une femme et d'un enfant.   —   514
33. Satyre jouant de la flûte, près
    d'une femme qui regarde son
    enfant.   .   .   .   .   .   —   514
34. Le jugement de Paris.   .   .   —   515
35. Pièce emblématique sur la puis-
    sance de l'Amour.   .   .   .   —   515
36. La victoire.   .   .   .   .   —   515
37. La déesse tutélaire de la ville de
    Rome.   .   .   .   .   .   —   516
38. La constance.   .   .   .   .   —   516
39. Trois hommes nuds, attachés à
    un arbre.   .   .   .   .   .   —   516
40. Un homme frappant avec un fouet
    un autre homme.   .   .   .   —   516
41. Pièce emblématique offrant trois
    hommes et une femme.   .   .   —   517
42. Un homme monté sur une li-
    corne, enlevant une femme.   .   —   517

          Sujets de fantaisie.

43. Un paysan dansant avec une
    villageoise.   .   .   .   .   —   517

44. Des cavaliers combattant contre
de l'infanterie. . . . . IX. p. 518
45. Le canon ; d'après Durer. . — 518
46. Combat de cavaliers et de piétons ; d'après Raphaël. . . — 518
47. Deux armées rangées en ordre
de bataille. . . . . — 519

Portraits.

48. Buste de M. Agrippa. . . — 519
49-56. Portraits de papes. Suite de
huit estampes. . . . — 519
49) Pie II. . . . . — 519
50) Sixte IV. . . . . — 519
51) Innocent VIII. . . . — 520
52) Alexandre VI. . . . — 520
53) Pie III. . . . . — 520
54) Jules II. . . . . — 520
55) Le même. . . . . — 520
56) Leon X. . . . . — 520
57. Soliman. . . . . — 520
58. Charles V. . . . . — 520
59. Matthieu, cardinal, archévêque
de Salzbourg. . . . — 520
60. Jean Boschenstain. . . — 521
61. Leopold Dick. . . . — 521
62. Erasme de Rotterdam. . . — 521
63. Wolfgang Juriger. . . — 521
64. Martin Luther. . . . — 522
65. François de Sickingen. . — 522
66. Un ecclésiastique à mi-corps. . — 522

Vases et ornemens.

67. Trois vases ou soucoupes cou-
vertes. . . . . — 523

68. Dix vases.   IX. p.523
69. Six vases.   —   523
70. Trois vases.   —   523
71. Vase avec son couvercle.   —   524
72. Deux Vases.   —   524
73. Panneau aux deux figures ailées.   —   524
74. Panneau aux têtes de mort.   —   524
75. Panneau au groupe de trois tê-
    tes d'hommes.   —   525
76. Vingt-quatre écus d'armes.   —   525
77. Dix-neuf écus d'armes.   —   525

179. IK.   IX. 157

Gravures en bois.

1. Différens soldats allemands, portant chacun un drapeau où des
   armoiries sont marquées. Suite de
   144 pièces.   —   157
2. Une femme habillée en pape, ac-
   couchant d'un enfant.   157

180. I M A.   VII. 444

Gravures en bois.

1-12. La passion de Jésus Christ.
   Suite de douze pièces. Planches
   rondes.   —   444
   1) La cène.   —   444
   2) Jésus Christ au mont des oliviers. —   444
   3) La prise de Jésus Christ.   —   445
   4) Jésus Christ maltraité par les
      juifs.   —   445
   5) J. C. insulté dans le prétoire.   —   445

6) La flagellation. . . VII. p. 445
7) Le couronnement d'épines. . — 445
8) Jésus Christ présenté au peuple. — 445
9) Le portement de croix. . . — 445
10) Jésus Christ à la croix. . — 445
11) La sépulture. . . — 445
12) La résurrection . . . — 445
13-21. Différens sujets de la vie de
Jésus Christ. Suite de neuf pièces. — 445
13) Les trois mages. . . . — 445
14) Jésus Christ marchant à la
tête de ses disciples. . . — 446
15) Jésus Christ tenté par le démon. — 446
16) Jésus Christ au jardin des
oliviers. . . . . . — 446
17) Judas trahissant son maître. — 446
18) Jésus Christ devant le grand-
prêtre. . . . . . — 446
19) Le couronnement d'épines. . — 446
20) La Véronique. . . . — 446
21) Les saintes femmes entourant le
corps mort de Jésus Christ. . — 446

181.   [monogramme]   Le
maître à la navette. . VI. 90
1. Les trois rois. . . . — 90
2. La Cène. . . . . — 91
3. J. C. au mont des oliviers. . — 91
4. La prise de Jésus Christ. . — 92
5. J. C. à la croix, entre les deux
larrons . . . . . — 93
6. J. C. à la croix, entre les deux
larrons. . . . . — 93

7. Le corps de Jésus Christ entouré
   des saintes femmes. . . . VI. p. 94
8. Le Sauveur. . . . . — 95
9. La Vierge avec l'enfant Jésus qui
   tient une croix. . . . — 95
10. La Vierge avec l'enfant Jésus qui
    tourne le feuillet d'un livre. . — 96
11. S. Augustin. . . . . — 96
12. S. Christophe. . . . . — 97
13. S. George. . . . . — 98
14. S. Grégoire célébrant la messe. — 98
15. S. Anne. . . . . . — 99
16. L'adolescent consultant le Vieil-
    lard. . . . . . . — 100
17. La mort. . . . . — 101
18. Dessein d'architecture. . — 103

182. IMS. . . . VII. 546
1. La Vierge baisant l'enfant Jésus.
   1522. . . . . . — 546
2. La Vierge donnant du fruit à l'enfant Jésus. . . . . — 546

Gravure en bois.

1. Hercule et Omphale. . . — 547

183. IS. . . . . IX. 38
1. Le jugement de Paris. 1534. . — 38

184. IS. . . . . IX. 498
1. Job s'entretenant avec ses amis. 1564. — 498
2. Hercule. . . . . — 498

185.   VI. p. 314
1. Le bénitier.   —   314

186. Graveur en bois.   IX.   419

187.   VII.   543
1. La sépulture de Jésus Christ. 1519.   —   543
2. La Vierge. 1525.   —   543

188. Josse de Negker.   VII.   243
1. La Vierge debout.   —   243

189. I T B.   IX.   150
1. L'intérieur d'un temple.   —   150

190. ITCF. Joachim Théo-
doric Coriolanus.   IX.   402

Gravures en bois.

1. Un dieu marin et une Sirène.   —   403
2. Un roi d'Angleterre dans son cos-
   tume du sacre.   —   403
3. Plan perspectif de Séville.   —   403
4. Vue du pont du Gard à Avignon.   —   403

191.   Jean Ul-
ric Pilgrim.   .   .   .   VII. p. 449

Pièces gravées en clair-obscur.

1. La Vierge, S. Jean et la Madelaine
   au pied de la croix.   .   .   .   —   449
2. La Vierge assise dans un jardin.   —   450
3. La Vierge à mi-corps.   .   .   —   450
4. S. Jerôme.   .   .   .   .   —   450
5. S. Sébastien.   .   .   .   .   —   450
6. Tête de mort.   .   .   .   —   451
7. Pyrame et Thisbé.   .   .   —   451
8. Orphée.   .   .   .   .   —   451
9. Alcon.   .   .   .   .   .   —   451
10. Cavalier armé de toutes pièces.   —   452

192. I. M. et I. V. M.
Israel de Mecken.   .   VI.   184

I. Portraits.

1. Israël de Mecken le vieux, et sa
   femme.   .   .   .   .   .   —   202
2. Israël de Mecken le jeune   .   —   203

II. Sujets de la bible.

3. Samson tuant un lion.   .   .   —   203
4. Judith.   .   .   .   .   .   —   203
5. L'annonciation.   .   .   .   —   204
6. La nativité.   .   .   .   .   —   204

7. Les trois rois. . . . . VI. p. 205

8. La décollation de S. Jean Baptiste. — 205

9. La danse d'Hérodiade. . . — 206

10-21. La passion de J. C. Suite de douze estampes. . . . . — 206

  10) Le lavement des pieds. . . — 207

  11) La prise de Jésus Christ. . — 207

  12) Jésus Christ amené chez Caïphe. — 207

  13) La flagellation. . . . — 207

  14) Le couronnement d'épines. . — 207

  15) J. C. amené chez Pilate. . — 208

  16) J. C. montré au peuple. . — 208

  17) Le portement de croix. . — 208

  18) Le crucifiement. . . . — 209

  19) Descente de croix. . . — 209

  20) La résurrection. . . . — 209

  21) Jésus Christ à Emaüs. . — 210

22. Portement de croix. . . . — 211

23. Portement de croix. . . . — 211

24. Descente de croix. . . . — 211

25. Descente de croix. . . . — 212

26. Jésus à la croix. . . . — 213

27. Crucifix. . . . . — 213

28. Crucifix. . . . . — 213

29. Crucifix. . . . . — 214

III. *Vierges.*

30-41. La Vie de la Vierge. Suite de douze estampes. . . . — 214

  30) Le grand-prêtre refusant l'offrande de Joachim. . . — 215

  31) La naissance de la Vierge. . — 215

  32) Sa présentation au temple. . — 215

  33) Son mariage avec S. Joseph. — 215

34) L'annonciation.   .   .   .   VI. p. 216
35) La naissance de Jésus Christ.   —   216
36) L'adoration des rois.   .   .   —   216
37) La circoncision.   .   .   .   —   216
38) Le massacre des innocens.   .   —   217
39) Jésus disputant au temple.   .   —   217
40) La mort de la Vierge.   .   .   —   217
41) La Vierge couronnée dans le
    ciel.   .   .   .   .   .   —   217
42. La Vierge.   .   .   .   .   —   218
43. La Vierge allaitant l'enfant Jésus.   —   219
44. La Vierge avec l'enfant Jésus.   —   219
45. La Vierge debout.   .   .   .   —   219
46. La Vierge assise dans une cour.   —   220
47. La Vierge immaculée.   .   .   —   221
48. La Vierge immaculée.   .   .   —   221
49. La Vierge immaculée.   .   .   —   222
50. La mort de la Vierge.   .   .   —   223

IV. Saints.

51-63. Le Sauveur et les douze Apô-
    tres. Suite de treize estampes.   .   —   224
51) Le Sauveur.   .   .   .   .   —   224
52) S. Pierre.   .   .   .   .   —   224
53) S. André.   .   .   .   .   —   224
54) S. Jacques le majeur.   .   .   —   224
55) S. Jean.   .   .   .   .   .   —   224
56) S. Philippe.   .   .   .   .   —   225
57) S. Barthélemy.   .   .   .   —   225
58) S. Jacques le mineur.   .   .   —   225
59) S. Matthieu.   .   .   .   —   225
60) S. Judas Thaddée.   .   .   —   225
61) S. Simon.   .   .   .   .   —   225
62) S. Thomas.   .   .   .   .   —   225

63) S. Paul. . . . . . VI. p. 225
64-78. Jésus Christ, la Vierge, et
les Apôtres. Suite de quinze pièces. — 226
64) Jésus Christ. . . . . — 226
65) La Vierge. . . . . — 226
66) S. Pierre. . . . . — 226
67) S. André. . . . . — 226
68) S. Jacques le majeur. . . — 226
69) S. Jean. . . . . — 227
70) S. Philippe. . . . . — 227
71) S. Barthélemy. . . . — 227
72) S. Jacques le mineur. . . — 227
73) S. Matthieu. . . . . — 227
74) S. Judas Thaddée. . . — 227
75) S. Simon. . . . . — 227
76) S. Thomas. . . . . — 227
77) S. Mathias. . . . . — 227
78) S. Paul. . . . . — 228
79-84. Les douze Apôtres, deux à
deux, et à mi-corps. Suite de six
estampes. . . . . . — 228
79) S. Pierre et S. André. . . — 228
80) S. Jacques le majeur et S. Jean. — 228
81) S. Jacques le mineur et S. Judas Thaddée. 228
82) S. Barthélemy et S. Philippe. — 228
83) S. Paul et S. Thomas. . . — 228
84) S. Matthieu et S. Simon. . — 229
85. S. Antoine. . . . — 229
86. S. Antoine. . . . . — 229
87. S. Antoine tourmenté par les
démons. . . . . . — 229
88. S. Augustin. . . . . — 230
89. S. Corneille. . . . . — 230

90. S. Christophe. . . . . VI. p. 231
91. S. Christophe. . . . . — 231
92. S. Dominique. . . . . — 232
93. S. Etienne. . . . . — 232
94. S. Etienne. . . . . — 232
95. S. Foist. . . . . — 233
96. S. François d'Assise. . . — 233
97. S. François d'Assise. . . — 233
98. S. George. . . . . · — 234
99. S. George. . . . . — 234
100. S. Grégoire. . . . — 234
101. S. Grégoire. . . . — 235
102. S. Grégoire. . . . — 236
103. S. Jean l'Evangéliste. . . — 236
104. S. Jerôme. . . . . — 237
105. S. Laurent. . . . . — 237
106. S. Laurent. . . . . — 238
107. S. Luc. . . . . . — 238
108. S. Martin. . . . . — 238
109. S. Martin. . . . . — 239
110. S. Quirin. . . . . — 239
111. S. Roch. . . . . . — 240
112. S. Sébastien. . . . . — 240
113-116. Les Saints, à quatre sur une
    planche. Suite de quatre planches. — 240
    113) Première planche. Grégoire,
        Jerôme, Ambroise, Augustin. — 241
    114) Seconde planche. Corneille,
        Hubert, Quirin, Antoine. . — 241
    115) Troisième planche. Marie de
        Milan, Luc, Theophiste, Eu-
        stache. . . . . . — 242
    116) Quatrième planche, Nicolas
    Clemens. — — . . . . — 242

V. Saintes.

117. S. Agathe. . . . . VI. p. 242
118. S. Agnès. . . . . — 243
119. S. Agnès. . . . . . — 243
120. S. Anne. . . . . . — 244
121. S. Barbe. . . . . — 244
122. S. Barbe. . . . . — 245
123. S. Catherine. . . . — 245
124 S. Catherine. . . . . — 246
125. S. Catherine de Sienne. . . — 246
126. S. Claire. . . . . — 246
127. S. Elisabeth. . . . — 246
128. S. Marguerite. . . . — 247
129. S. Marguerite. . . . — 247
130. S. Marie l'Egyptienne et S. Marie Madelaine. . . . . — 248
131. S. Odilie. . . . . — 249
132. S. Ursule. . . . — 249

VI. Différens autres sujets pieux.

133. L'homme de douleurs. . . — 250
134. L'homme de douleurs. . . — 251
135. L'homme de douleurs. . . — 251
136. L'homme de douleurs. . . — 252
137. L'homme de douleurs. . . — 252
138. L'homme de douleurs. . . — 253
139. L'homme de douleurs. . . — 253
140. Le petit Sauveur. . . . — 254
141. Le Sauveur. . . . . — 254
142. Le Sauveur au milieu d'une patène. . . . . . — 254
143. Le Sauveur. . . . . — 255
144. Le Sauveur dans une chaire. . — 255

145. La Vierge, un ange et un reli-
   gieux chartreux.   .   .   .   VI. p. 256
146. La S. famille.   .   .   .   .   —   256
147. La Vierge, S. André et S. Catherine.   —   257
148. La S. famille.   .   .   .   .   —   257
149. La Vierge, S. Anne, S. Catheri-
   ne et S. Barbe.   .   .   .   .   —   258
150. Six sujets dans des ronds.   .   —   258
151. Autres six sujets dans des ronds.   —   259
152. Autres six sujets dans des ronds.   —   259
153. Autres six sujets dans des ronds.   —   260
154. Autres six sujets dans des ronds.   —   261
155. Autres six sujets dans des ronds.   —   261
156. Autres six sujets dans des ronds.   —   262
157. Autres six sujets dans des ronds.   —   262
158-162. Les cinq Vierges sages. Sui-
   te de cinq estampes.   .   .   .   —   263
   158) La première.   .   .   .   —   263
   159) La seconde.   .   .   .   —   263
   160) La troisième.   .   .   .   —   264
   161) La quatrième.   .   .   .   —   264
   162) La cinquième.   .   .   .   —   264
163-167. Les cinq Vierges folles. Sui-
   te de cinq estampes.   .   .   .   —   264
   163) La première.   .   .   .   —   264
   164) La seconde.   .   .   .   .   —   265
   165) La troisième.   .   .   .   —   265
   166) La quatrième.   .   .   .   —   265
   167) La cinquième.   .   .   .   —   265

VII. Sujets profanes.

168. Lucrèce.   .   .   .   .   .   —   265
169. La vieille et le jeune homme.   —   266
170. Le vieillard et la jeune fille.   .   —   266

171. Homme et femme en habits de voyage. . . . . . . VI. p. 267
172. Le danseur. . . . — 267
173. La femme maltraitant son mari. — 268
174. La chanteuse et le joueur de guitare. . . . . . — 268
175. Le joueur d'orgues. . . — 269
176 Le moine et la religieuse. . — 269
177. Le fauconnier. . . . — 269
178. Le concert de musique. . . — 270
179. Homme et femme assis sur un lit. — 270
180. Le médecin et l'apothicaire. . — 271
181. Les deux amants. . . . — 271
182. L'officier et sa maîtresse. . — 272
183. La fileuse. . . . . — 272
184. Le seigneur et la dame. . . — 272
185. Le groupe de quatre femmes. — 273
186. La danse pour le prix. . . — 274
187. Le bain des enfans. . . — 274
188. Jeu d'enfans. . . . — 275
189. Le meûnier. . . . . — 275
190. Deux singes avec leurs petits. — 276
191. Les deux singes enchaînés. . — 276
192. Les loups. . . . . — 276
193. Animal chimérique. . . . — 277
194. Ecusson d'armes au garçon faisant la culbute. . . . . — 277
195. Ecusson d'armes au lion. . — 277
196. Le vaisseau. . . . . — 278
197. Le soldat combattant. . . — 278

VIII. Rinceaux d'ornemens, et lettres grises.

198. Rinceau au perroquet perché à droite. . . . . . — 278

199. Deux rinceaux sur une même planche. . . . . . VI. p. 279

200. Deux cavaliers qui joutent ensemble. . . . . . — 280

201. Une plante d'acanthe. . . — 280

202. L'arbre de Jessé. . . . — 281

203. L'arbre de Jessé, en forme de frise. — 281

204. Rinceau au chasseur rôti par deux lièvres. . . . . — 281

205. Entrelacs de rinceaux, au milieu desquels sont deux amants. — 282

206. Autre entrelacs d'ornemens avec les mots : *Non ultra Jacob* etc. — 282

207. Combat de sauvages. *Flore pulchro nobili* etc. . . . . — 283

208. Sujet rond offrant un concert de musique d'un jeune homme et d'une demoiselle. . . . — 283

209. Rinceau d'ornemens, avec les traces des lettres F. V. B. . . — 284

210-215. Les lettres de l'alphabet. Suite de six planches. . . . — 284

210) Les lettres A. B. C. D. . — 285

211) Les lettres E. F. G. H. . — 285

212) Les lettres I. K. L. M. . — 285

213) Les lettres N. O. P. Q. . — 285

214) Les lettres R. S. T. V. . — 285

215) Les lettres X. Y. Z. T. . — 285

216. La lettre O, au Sauveur. . — 285

217. La lettre D, à l'annonciation. — 285

IX. *Pièces gravées par Israël de Mecken, qui ne portent ni nom ni marque.*

218. Le Sauveur. . . . . — 286

219. Le Sauveur. . . . VI. p. 286
220. La S. Vierge. . . . — 286
221. La Vierge, un ange et un saint
    Réligieux. . . . . — 287
222. Cinq proverbes figurés. . — 287
223. S. Benoît. . . . — 289
224. S. Bernard. . . . — 289
225. S. François d'Assise. . — 289
226. S. Grégoire. . . . — 290
227. S. Grégoire. . . . — 290
228. S. Grégoire. . . . — 291
229. S. Hubert. . . . — 291
230. S. Jean Baptiste. . . — 292
231. S. Jean dans l'île de Pathmos. — 293
232. S. Anne. . . . . — 293
233. S. Barbe. . . . — 294
234. S. Catherine. . . . — 294
235. Marie Madelaine. . . — 294
236. Le fou. . . . . — 295

X. Pièces gravées dans un goût très approchant de celui d'Israël de Mecken.

1-23. Différens sujets de la bible.
    Suite de vingt-trois estampes. . — 295
    1) Le péché du premier homme. — 295
    2) La sortie du paradis. . . — 296
    3) La présentation de la Vierge
       au temple. . . . — 296
    4) Son mariage. . . . — 296
    5) L'annonciation. . . — 296
    6) La nativité. . . . — 296
    7) La circoncision. . . — 296
    8) L'adoration des rois. . — 296
    9) La fuite en Egypte. . — 296

10) Autre fuire en Egypte. . VI. p. 296
11) Jésus au temple parmi les docteurs de la loi. . . — 296
12) Les noces de Cana. . . — 296
13) La Samaritaine. . . — 296
14) La résurrection de Lazare. . — 296
15) L'entrée à Jérusalem. . . — 296
16) Les marchands chassés du temple. . . . . — 296
17) Le lavement des pieds. . — 296
18) La cène. . . . — 296
19) J. C. au jardin des oliviers. — 296
20) La prise de Jésus Christ. . — 296
21) J. C. amené devant Pilate. . — 296
22) J. C. en présence d'Hérode. -- 296
23) Jésus Christ apparoissant à ses disciples. . . . — 297
24-35. Les Apôtres, réprésentés debout. . . . . — 297
24) S. Pierre. . . . — 297
25) S. André. . . . — 297
26) S. Jacques le majeur. . — 297
27) S. Jean. . . . — 297
28) S. Philippe. . . — 297
29) S. Barthélemy. . . — 297
30) S. Jacques le mineur. . . — 297
31) S. Matthieu. . . — 297
32) S. Judas Thaddée. . — 297
33) S. Simon. . . . — 297
34) S. Thomas. . . — 297
35) S. Paul. . . — 297
Appendice, contenant le détail de plusieurs estampes d'Israël de Mecken, qui se trouvent dans le

catalogue de Heinecke, et que
nous n'avons pas inserées dans
le notre. . . . . . VI. p. 298

193. IVM. . . . IX. 493
    1. La Madelaine. . . . . — 493

K.

Krug, Louis. Voyez Nr. 204.

L.

194. L . . .. . . IX. 10
    1. L'annonciation. . . . — 10
    2-4. Trois pièces pour la vie de la
      Vierge. Suite de trois estampes. — 10
      2) La nativité. . . . . — 11
      3) Les trois mages. . . . — 11
      4) La fuite en Egypte. . . — 11
    5. J. C. prenant congé de sa mère. — 12
    6. La Vierge au milieu de S. Barbe
      et de S. Catherine. . . . — 12
    7. La décollation de S. Jean Baptiste. — 13
    8. Panneau d'ornemens. . . — 13

195. Lucas de Leyde. VII. 331

Pièces gravées en cuivre.

Sujets du vieux testament.

    1-6. L'histoire de la création et de la
    chute du premier homme. Suite
    de six estampes. . . . — 339

1) Eve créée pendant le sommeil d'Adam. 1519.   VII. p. 339

2) Dieu défendant à Adam et Eve, de toucher au fruit de l'arbre de vie. 1529.   —   339

3) Adam et Eve mangeant du fruit défendu. 1529   —   340

4) Adam et Eve chassés du paradis. 1529.   —   340

5) Caïn tuant Abel. 1529.   —   340

6) Adam et Eve pleurant la mort d'Abel. 1529.   —   341

7. Le péché d'Adam et Eve.   —   341

8. Le péché d'Adam et Eve. 1519.   —   342

9. Le péché d'Adam et Eve. 1529.   —   342

10. Le péché d'Adam et Eve. 1530.   —   343

11. Adam et Eve fugitifs, après avoir été chassés du paradis terrestre.   —   343

12. Caïn tuant Abel. 1520.   —   344

13. Caïn tuant Abel. 1524.   —   344

14. Lamech et Caïn. 1524.   —   345

15. Abraham et les trois anges.   —   345

16. Loth enivré par ses deux filles. 1530.   —   346

17. Abraham renvoyant Agar.   —   346

18. Abraham renvoyant Agar. 1516.   —   347

19-23. L'histoire de Joseph. Suite de cinq estampes.   —   348

19) Joseph raconte ses songes à Jacob. 1512.   —   348

20) Joseph et la femme de Putiphar. 1512.   —   348

21) La femme de Putiphar accusant Joseph. 1512.   —   348

22) Joseph en prison.   —   349

23) Joseph interprétant les songes
de Pharaon. . . . .   VII. p. 35o

24. La fille de Jephté allant au devant de son père. . . . .   —   35o

25. Dalila coupant les cheveux à
Samson. . . . .   —   351

26. David victorieux de Goliath. .   —   351

27. David jouant de la harpe devant
Saul. . . . . . .   —   352

28. David en prière. . . .   —   353

29. David en prière. 152o. . .   —   353

3o. Salomon adorant les idoles. 1514.   —   354

31. Esther devant Assuerus. 1518. .   —   354

32. Mardochée mené en triomphe.
1515. . . . . . .   —   355

33. Les deux vieillards appercevant
Susanne dans le bain. . :   —   356

Sujets du nouveau testament.

34. S. Joachim et S. Anne. 152o. .   —   356
35. L'Annonciation. . . .   —   357
36. La Visitation. . . .   —   357
37. L'adoration des mages. 1513. .   —   357
38. Repos en Egypte. . . .   —   358
39. Repos au retour de l'Egypte. .   —   359
4o. Le baptême de Jésus Christ. .   —   36o
41. Jésus Christ tenté par le démon.
1518. . . . . . .   —   361
42. La résurrection de Lazare. .   —   362
43-56. La passion de Jésus Christ.
Suite de quatorze estampes. .   —   362
43) La Cène. 1521. . . .   —   362
44) J. C. à la montagne des oliviers.
1521. . . . . .   —   363

45) La prise de Jésus Christ. 1521.   VII. p. 363
46) J. C. devant le grand-prêtre
    Anne. 1521.   .   .   .   .   —   364
47) Jésus Christ outragé dans le
    prétoire. 1521.   .   .   .   —   364
48) La flagellation. 1521.   .   .   —   364
49) Le couronnement d'épines.   —   365
    1521.   .   .   .   .   .   —   365
50) Jésus Christ présenté au peu-
    ple. 1521.   .   .   .   .   —   365
51) Le portement de croix. 1521.   —   366
52) Le crucifiement. 1521.   .   .   —   366
53) La descente de croix. 1521.   —   366
54) La sépulture. 1521.   .   .   —   367
55) La descente aux limbes. 1521.   —   367
56) La résurrection. 1521.   .   —   368
57-65. La passion de Jésus Christ.
    Suite de neuf pièces de forme
    ronde.   .   .   .   .   .   —   369
57) Jésus Christ à la montagne
    des oliviers.   .   .   .   .   —   369
58) La prise de Jésus Christ.   .   —   369
59) Jésus Christ devant le grand-
    .prêtre Anne.   .   .   .   .   —   370
60) Jésus Christ outragé dans le
    prétoire.   .   .   .   .   —   370
61) La flagellation.   .   .   .   —   371
62) Le couronnement d'épines.   .   —   372
63) Jésus Christ présenté au peuple.   —   372
64) Le portement de croix.   .   —   373
65) Le crucifiement.   .   .   .   —   373
66. Jésus Christ à la montagne des
    oliviers.   .   .   .   .   .   —   375
67. Le portement de croix.   .   .   —   375

68. Couronnement d'épines. . . VII. p. 376

69. Couronnement d'épines. 1519. . — 376

70. Jésus Christ présenté au peuple. — 377

71. Jésus Christ présenté au peuple. 1510. . . . . . — 378

72. Jésus Christ portant sa croix. 1515. . . . . . — 379

73. Des soldats faisant boire Jésus Christ, avant de le crucifier. . — 380

74. Le calvaire. 1517. . . . — 380

75. La S. Vierge et S. Jean au pied de la croix. 1516. . . . — 382

76. L'homme de douleurs. 1517. . — 382

77. Jésus Christ apparoissant à Madelaine sous la figure d'un jardinier. 1519. . . . . — 382

78. Le retour de l'enfant prodigue. — 383

Vierges, Saints, Saintes et autres sujets pieux.

79. La Vierge avec l'enfant, accompagnée de S. Anne. 1516. . . — 384

80. La Vierge debout sur un croissant, dans une gloire. . . — 384

81. La Vierge debout sur un croissant, dans une niche. . . — 385

82. La Vierge debout sur un croissant, dans une gloire. 1523. . — 385

83. La Vierge assise au pied d'un arbre. 1514. . . . . — 386

84. La Vierge assise dans un paysage. 1523. . . . . — 386

85. La S. famille. . . . . — 386

86-99. Jésus Christ et les Apôtres. Suite de quatorze estampes . — 387

86) Le Sauveur.	VII. p.	387
87) S. Pierre.	—	387
88) S. Paul.	—	388
89) S. André.	—	388
90) S. Jean l'évangéliste. . .	—	388
91) S. Jacques le majeur. . .	—	388
92) S. Thomas.	—	388
93) S. Judas Thaddée. . .	—	388
94) S. Barthélemy. . . .	—	389
95) S. Philippe.	—	389
96) S. Jacques le mineur. . .	—	389
97) S. Simon.	—	389
98) S. Matthieu. . . .	—	389
99) S. Mathias.	—	389
100-103. Les quatre évangélistes, à mi-corps. Suite de quatre estampes.	—	390
100) S. Marc. 1518. . . .	—	390
101) S. Matthieu. . . .	—	390
102) S. Luc.	—	391
103) S. Jean. 1518. . . .	—	391
104. S. Luc.	—	393
105. S. Pierre et S. Paul tenant le suaire. 1517.	—	393
106. S. Pierre et S. Paul. 1527. .	—	393
107. La conversion de S. Paul. .	—	394
108. S. Christophe. . . .	—	395
109. S. Christophe. . . .	—	396
110. S. Jean Baptiste dans le désert.	—	396
111. La décollation de S. Jean Baptiste.	—	397
112. S. Jerôme. 1513. . . .	—	397
113. S. Jerôme. 1516. . . .	—	398
114. S. Jerôme. 1521. . . .	—	398

XI. Vol.   N

115. S. Sébastien. . . . . VII. p. 398
116. S. Antoine l'Ermite. . . — 399
117. Tentation de S. Antoine. 1509. — 400
118. S. Dominique. . . . — 400
119. S. Gérard Sagrédius. . . — 401
120. S. François d'Assise. . . — 401
121. S. George. . . . . — 401
122. M. Madelaine se livrant aux plaisirs du monde. 1519. . — 402
123. S. Madelaine dans le désert. — 403
124. S. Madelaine debout sur des nuages. 1518. . . . — 404
125. S. Catherine. 1520. . — 405

Sujets profanes.

126. Le moine Sergius tué par Mahomet. . . . . . — 405
127-133. Les sept vertus. Suite de sept estampes. . . . — 406
127) La foi. . . . . — 407
128) L'espérance. . . . — 407
129) La charité. . . . — 407
130) La prudence. 1530. . . — 407
131) La justice. 1530. . . — 408
132) La force. . . . . — 408
133) La tempérance. . . . — 408
134. Lucrèce. . . . . — 408
135. Pyrame et Thisbé. 1514. . — 409
136. Le poëte Virgile suspendu dans un panier. 1525. . . — 409
137. Mars et Vénus. 1530. . — 411
138. Vénus et l'Amour. 1528. . — 412
139. Pallas. . . . . — 412
140. Un Enseigne. . . . — 413·

141. Quatre guerriers dans une forêt. VII. p. 413
142. Un jeune homme à la tête d'une
     troupe de gens armés. — 414
143. Les gueux. — 415
144. La promenade. 1520. — 415
145. Le seigneur et la dame. — 416
146. La dame au bois. — 416
147. L'homme à la torche. — 417
148. Un homme et une femme assis
     dans une campagne. 1520. — 417
149. Les pélerins. — 418
150. Le fou. 1520. — 419
151. La vieille aveo la grappe de
     raisin. — 419
152. Le garçon avec la trompe. — 419
153. La femme et la biche. 1509. — 420
154. La femme et le chien. 1510. — 420
155. Les musiciens. 1524. — 421
156. Le chirurgien. 1524. — 421
157. L'opérateur. 1523. — 421
158. La laitière. 1510. — 422
159. L'Espiegle. 1520. — 423
160. Tête d'un guerrier. 1527. — 426
161. Une composition d'ornemens.
     1527. — 427
162. Une composition d'ornemens.
     1528. — 427
163. Deux rinceaux sur une planche. — 427
164. Un panneau d'ornemens. 1528. — 428
165. Les enfans guerriers. 1527. — 429
166. Un écusson vuide. — 429
167. Un écusson rempli par un mas-
     caron. 1527. — 429

168. Les armes de la ville de Leyde
au milieu de quatre ronds. . VII. p. 430
169. Deux rinceaux d'ornemens. . — 430
170. Deux ronds. . . . . — 431
171. Deux ronds. 1517. . . . — 431
172. Portrait de l'Emp. Maximilien I.
1520. . . . . . — 432
173. Portrait de Lucas de Leyde. 1525. — 433
174. Portrait d'un jeune homme. . — 433

Pièce douteuse.

La famille surprise par la mort. 1523. — 435

*Pièces gravées à l'eau-forte dans le goût de Lucas
de Leyde.*

1. La Vierge avec l'enfant Jésus. 1528. — 436
2. Les bustes du Sauveur et de la Vierge. — 436
3. L'anneau nuptial. . . . — 437

Gravures en bois.

1. Adam et Eve. . . . — 438
2. Adam et Eve. . . . . — 439
3. Abraham allant sacrifier son fils. — 439
4. Un des fils de Jacob lui apportant
la robe de Joseph teinte de sang. — 440
5. Dalila coupant les cheveux à
Samson. . . . . . — 440
6. Dalila coupant les cheveux à
Samson. . . . . . — 440
7. Jahel et Sisara. . . . — 440
8. Salomon adorant les idoles. . — 440
9. Salomon adorant les idoles. . — 441
10. La reine de Saba. . . — 441
11. Jézabel et Achab. . . . — 441

12. La tête de S. Jean apportée à Hérode. . . . . . VII. p. 441
13. La tête de S. Jean apportée à Hérode. . . . . . — 441
14. Les douze rois d'Israël à cheval. Morceau de quatre pièces. . — 441
15. Les plus célèbres héros payens, juifs et chrétiens. Morceau de trois pièces. . . . . — 442
16. Virgile suspendu dans un panier. — 443
17. Des traîneurs d'une armée. . — 443

196. . . . . . VII. 447

Gravure en bois.

1. Des sorcières faisant des préparatifs pour aller au sabbat. 1516. — 447

197. **LB** . . . . , IX. 43
1. Vignette. . . . . . — 43
198. Ce numéro offre dans les planches des monogrammes un chiffre composé des lettres L B réunies par un trait horizontal. Mentionné. VII. 226

199. Lucas Cranach. VII. 273

Pièces gravées sur cuivre.

1. La pénitence de Chrisostome. 1509. — 276
2. Les deux ducs de Saxe. 1510. . — 276
3. Le duc Ernest de Saxe implorant S. Barthélemy. . . . . — 277

4. Albert de Mayence. 1520. .   .   VII. p. 277
5. Martin Luther. 1520. .   .   —   278
6. Martin Luther. 1521. .   .   —   278

Pièces gravées en bois.

Sujets pieux.

1. Adam et Eve. 1509. .   .   .   —   279
2. L'annonciation. .   .   .   —   279
3. Repos en Egypte. 1509. .   .   —   279
4. Repos en Egypte. .   .   —   280
5. S. Famille. .   .   .   .   —   280
6-20. La passion de Jésus Christ. Suite de quinze estampes. 1509. .   —   280
21. Jésus Christ à la croix. .   .   —   281
22. Jésus Christ et la samaritaine. .   —   281
23-36. Jésus Christ, les douze Apôtres et S. Paul. Suite de quatorze pièces.   .   .   .   —   281
37-48. Les martyres des douze Apôtres. Suite de douze estampes. .   —   282
49-55. Les quatre évangélistes, S. Paul, S. Pierre et S. Jacques. Suite de sept estampes. 1540. .   —   282
56. S. Antoine tourmenté par les démons. 1506. .   .   .   —   282
57. S. Bernard adorant l'homme de douleurs. .   .   .   —   283
58. S. Christophe. .   .   .   —   283
59. Le martyre de S. Erasme. 1506.   —   283
60. S. Jean prêchant dans le désert. 1516. .   .   .   .   —   283
61. La décollation de S. Jean Baptiste.   —   283
62. La décollation de S. Jean Baptiste.   —   283

63. S. Jerôme. 1509.   .   .   .   .   VII. p. 284
64. S. George.   .   .   .   .   .   —   284
65. S. George.   .   .   .   .   .   —   284
66. S. Sébastien.   .   .   .   .   —   284
67. S. George. 1506.   .   .   .   —   285
68. S. Anne et la S. Vierge.   .   .   —   285
69. S. Barbe debout.   .   .   .   —   285
70. Le martyre de S. Barbe.   .   .   —   285
71. S. Catherine. 1519.   .   .   .   —   286
72. S. Marie l'Egyptienne transpor-
    tée au ciel. 1506.   .   .   .   —   286
73. Le petit Sauveur.   .   .   .   —   286
74. Un empereur se trouvant dans
    une bataille, accompagné d'un S.
    Evêque. 1520.   .   .   .   .   —   286
75. Un ange tenant une balance. 1506.   —   286
76. La Vierge, S. Jean, S. Laurent
    et S. Roch adorant le crucifix.
    1505.   .   .   .   .   .   .   —   287
77. L'électeur de Saxe rendant culte
    à la S. Vierge.   .   .   .   —   287
78. Ernest, Electeur de Saxe et son
    épouse adorant la Trinité.   .   —   287
79-111. Suite de 33 pièces tirées d'un
    livre intitulé : Hortulus animae.   —   287
    79) La résurrection de J. C.   .   —   288
    80 Un crucifix.   .   .   .   .   —   288
    81) La Trinité.   .   .   .   .   —   289
    82) Jésus Christ à la croix entre
        les deux larrons, dans un reli-
        quaire.   .   .   .   .   .   —   289
    83) Autre reliquaire, offrant le cru-
        cifix et au bas la Vierge et S.
        Jean.   .   .   .   .   .   —   289

200 **TABLE GÉNÉRALE.**

84) La Vierge pleurant le corps de J. C. dans un reliquaire. . VII. p. 289

85) La Vierge assise, entourée d'anges, dans un reliquaire. . — 289

86) La Vierge debout, présentant un raisin à l'enfant Jésus. . — 289

87) La Vierge debout, ayant l'enfant Jésus entre ses bras. . — 289

88) La Vierge assise sur un piédestal. . . . . . — 289

89) L'annonciation. . . . — 289

90) L'enfant Jésus. . . . — 289

91) Jésus Christ au mont des olives. — 290

92) S. Paul, à mi-corps. . . — 290

93) S. Pierre, à mi-corps. . . — 290

94) Un reliquaire offrant Adam et Eve. . . . . . — 290

95) Jésus Christ descendant aux limbes. . . . . . — 290

96) La résurrection. . . . — 290

97-110) Le Sauveur, S. Jean Baptiste et les douze Apôtres. Suite de 14 pièces. . . . . — 290

111) La résurrection. . . . — 291

Sujets profanes.

112. Marc Curce. . . . . — 291

113. Vénus et l'Amour. 1506. . — 291

114. Le jugement de Paris. 1508. . — 291

115. L'antropophage. . . . — 291

116. Jeune homme à cheval. . . — 292

117. Cavalier ayant une dame en croupe. 1506. . . . . — 292

118. Chasseur à cheval, tuant un
　　sanglier.　.　.　.　.　.　VII. p. 292
119. Chasse au cerf.　.　.　.　—　292
120. Un soldat armé d'une hallebarde.　—　292
121. Jeune dame présentant une fleur
　　au soldat précédent.　.　.　.　—　292
122. Femme assise près d'un halle-
　　bardier.　.　.　.　.　.　—　293
123. Jouteur à cheval.　.　.　.　—　293
124. Un tournoi. 1506.　.　.　.　—　293
125. Autre tournoi. 1509.　.　.　—　294
126. Autre tournoi. 1509.　.　.　—　294
127. Autre tournoi. 1509.　.　.　—　294

Portraits.

128. Charles V, en pieds.　.　.　—　294
129. Ferdinand I, en pieds.　.　.　—　294
130. Jean Fréderic I, électeur de Sa-
　　xe, à mi-corps.　.　.　.　—　295
131. Le même, en buste.　.　.　—　295
132. Le même, en pieds.　.　.　—　295
133. Jean Ernest I, duc de Saxe, en
　　pieds.　.　.　.　.　.　—　295
134. Fréderic III, électeur de Saxe,
　　à mi-corps. 1510.　.　.　.　—　296
135. Le même, à mi-corps.　.　.　—　296
136-140. Cinq portraits d'une Suite
　　de 34 pièces publiées par Gabriel
　　Schnellboltz.　.　.　.　.　—　296
　136) Jean Fréderic I, électeur de
　　Saxe, à mi-corps.　.　.　—　296
　137) Sybille, épouse du précédent,
　　à mi-corps.　.　.　.　.　—　297
　138) Jean Fréderic II, à mi-corps.　—　297

139) Jean Guillaume, à mi-corps.   VII. p. 297
140) Jean Fréderic III, à mi-corps.   —   297
141. Un prince de la maison de Saxe.   —   297
142. Autre prince de Saxe 1537.   —   297
143. Autre prince de Saxe.   —   298
144. Autre prince de Saxe. 1549.   —   298
145. Fabien d'Auerswald.   —   298
146. Jean Bugenhagen.   —   299
147. Martin Luther, en pieds. 1548.   —   299
148. Martin Luther, en pieds.   —   299
149. Martin Luther, en pieds. 1546.   —   299
150. Martin Luther, à mi-corps. 1546.   —   299
151. Martin Luther, à mi-corps.   —   300
152. Les reformateurs Luther et Hufs exerçant la fonction de la communion.   —   300
153. Philippe Melanchton en pieds. 1561.   —   300
154. Philippe Melanchton, à mi-corps.   —   300
155. Jacques Milch, à mi-corps.   —   300

200. L G L G   VI.   361
1. Jésus Christ tenté par le démon.   —   361
2. L'entrée de J. C. à Jérusalem.   —   361

201. L D   IX.   82
1. S. Antoine. 1539.   —   82

202. LF.   IX.   416

Gravure en bois.

1. Vue de la ville de Plauen.   —   417

203. L. ⚓ H. Lambert Hopfer. . . . . VIII. p. 526

1. Adam et Eve.	—	526
2-16. La passion de Jésus Christ. Suite de quinze estampes. . .	—	526
2) L'homme de douleurs. . .	—	526
3) J. C. en priere au mont des olives.	—	526
4) Jésus Christ saisi par les juifs.	—	527
5) Jésus Christ devant Caïphe. .	—	527
6) Jésus Christ amené à Pilate. .	—	527
7) La flagellation. . . .	—	527
8) Le couronnement d'épines. .	—	527
9) L'ecce-homo. . . .	—	527
10) Pilate se lavant les mains. .	—	527
11) Le portement de croix. .	—	527
12) Jésus Christ attaché à la croix.	—	527
13) La descente de croix. . .	—	527
14) La sépulture. . . .	—	528
15) La descente aux limbes. .	—	528
16) La résurrection. . . .	—	528
17. Jésus Christ en prière au mont des olives.	—	528
18. La Vierge.	—	528
19. La Trinité.	—	528
20. Hérodiade.	—	528
21. La conversion de S. Paul. .	—	529
22. Autel avec le mariage de S. Catherine.	—	529
23. Trois sujets dans des formes rondes, savoir : Deux amans, le jugement de Paris et S. Jerôme. .	—	530
24. Un joueur de cornemuse. . .	—	530

25. La mort et le soldat.   .   .   VIII. p. 530
26. Un porte-enseigne.   .   .   .   —   531
27. Un dieu marin menant un cheval
    monté par un enfant.   .   .   —   531
28. Montant d'ornemens en hauteur,
    accompagné de deux autres.   .   —   531
29. Montant d'ornemens au double
    aigle entre deux chevaux ailés. .   —   531
30. Montant d'ornemens à l'homme
    ailé entre deux ânes couchés.   .   —   532
31. Montant d'ornemens à la femme
    jouant de la lyre etc.   .   .   —   532
32. Montant d'ornemens aux deux en-
    fans montés sur des beliers.   .   —   532
33. Montant d'ornemens aux deux
    enfans assis sur des mascarons. .   —   533
34. Quatre candelabres.   .   .   .   —   533

204. L ❧ K. Louis Krug. VII.   535

Sujets pieux.

1. La nativité. 1516.   .   .   .   —   536
2. L'adoration des rois. 1516.   .   —   536
3. Jésus Christ à la croix.   .   .   —   537
4. L'homme de douleurs, à mi-corps.   —   537
5. L'homme de douleurs, assis.   .   —   537
6. L'homme de douleurs, debout. .   —   538
7. La Vierge immaculée.   .   .   —   538
8. La Vierge et S. Anne.   .   .   —   539
9. S. Jean dans l'île de Pathmos. .   —   539

Sujets profanes.

10. L'embrassement.   .   .   .   —   540

11. Les deux femmes nues. . . VII. p.541
12. La baigneuse. . . . . — 541

205. L♆H. . . . VII. 542

1. Judith. . . . . . — 542

206. LV. Mentionné. . . IX. 37

207. Louis Frig. Graveur en bois. IX. 417

Ladenspelder, Jean. Voyez Nr. 317.

Lautensack, Hans Sebald. Voyez
Nr. 160.

Leyde, Lucas de. Voyez Nr. 195.

Licorne, (le maître à la). Voyez
Nr. 172.

Lorch, Melchior. Voyez Nr. 238.

M.

208. M. Mentionné. . . IX. 86

209. M . . . . . VI. 315

1. S. Jerôme. . . . . — 315

210. M . . . . . VI. 412

1. Samson tuant le lion. . . — 412
2. S. Christophe. . . . — 412

211. M . . . . VII. 475
Gravure en bois.

1. Un héraut d'armes. . . . — 475

212. M . . . . . IX. p. 548
1. S. Jerôme. 1576. . . . — 548

213. AM . . . . . IX. 496
1. Jahel et Sisara. . . . . — 496
2. Lucrèce. . . . . . — 496
3. La société gaie. 1563. . . — 497
4. La femme lascive. . . — 497

214. AM . . . . . IX. 516
1. Portrait de Gervais Fabricius. 1568. — 516
2. Portrait d'Etienne Schwarz 1565. — 517

215. AH . . . . IX. 397

Gravure en bois.

1. Vue de la ville de Meissen. . — 397

216. MAIR . . . VI. 362
1. David et Goliath. . . . — 362
2. Samson portant la porte de la ville
de Gaze. . . . . — 363
3. Dalila et Samson. . . . — 363
4. La nativité. 1499. . . . — 364
5. Les trois rois. . . . . — 364
6. Le portement de croix. 1506. . — 365
7. La Vierge avec l'enfant Jésus. . — 365
8. S. Anne. 1499. . . . . — 366
9. Le martyre de S. Sébastien. . — 367
10. L'heure de la mort. 1499. . — 368
11. La banderole présentée. 1499. . — 369
12. Le balcon. . . . . — 370

Pièce douteuse.

Une jeune femme recevant un homme à la porte de sa maison. .   VI. p. 370

217. ℳ . . . .   IX.   80
1. Montant d'ornemens. . . —   80

218. ℳℛ . . . . IX.   517
1. Six bustes. 1566. . . . —   517

219. ℳℬ Mathias Beytler.   IX.   586
1-7. Différens animaux. Suite de
   sept ? estampes. . . . —   586
   1) Titre : *Thierbuchlein.* 1582. . —   587
   2) Deux licornes, un éléphant,
     un mouton et un bouc. . —   587
   3) Deux chevaux, un chien, un
     renard et un lézard. . . —   587
   4) Un lion, un ours, un sanglier
     et un chamois. . . . —   587
   5) Un dromadaire, un chameau,
     un ours et un cheval. . . —   587
   6) Un taureau, deux singes et un
     crapand. . . . . —   587
   7) — — — . . . . . —   587
8-17. Différentes figures. Suite de
   dix estampes. . . . . —   587
   8) Titre : *Rosenbuchlein* etc. . —   588
   9) Quatre enfans nuds. . . —   588
   10) Un cordelier et une religeuse. —   588
   11) Un Turc et un Polonois. . —   588
   12) Un soldat et une vivandière. —   588
   13) Un cordelier et un capitaine. —   588

208   **TABLE GÉNÉRALE.**

14) Un gentil-homme et une dame.   IX. p. 588

15) Autre gentil - homme saluant
une dame. . . . .   —   588

16) Un paysan et une paysanne.   —   589

17) Deux soldats armés de fusils.   —   589

220.   𝕄𝔅   . . . .   IX.   413

Gravures en cuivre.

1-5. Les différens degrés de l'âge de
l'homme. Suite de cinq pièces.   —   414

1) X ans. XX ans. . . .   —   414

2) XXX ans. XL ans. . .   —   414

3) L ans. LX ans. . . .   —   414

4) LXX ans. LXXX ans. . .   —   414

5) XC ans. C ans. . . .   —   414

6. Différens escrimeurs dans une cour.   —   415

7. Portrait d'un Savant. . .   —   415

221.   .   VI.   314

1. L'homme de douleurs. . .   —   314

222.   𝕄   Christophe
Maurer. . . . . .   IX.   383

Pièces gravées à l'eau-forte.

1. L'assassinat de l'Empereur Albert I.
1580. . . . . . .   —   385

2. L'indigent et le richard. 1596. .   —   386

3. La chasse au cerf. . .   —   387

Gravures en bois.

1.-5. Divers sujets de la bible. Suite de cinq pièces. . . . IX. p. 388

   1) Dieu apparoissant à Moïse dans une flamme. . . . — 388

   2) La résurrection de Lazare. . — 388

   3) Les envoyés de Canaan. . — 388

   4) Les quatre chevaux de l'apocalypse. . . . . — 388

   5) Jésus Christ chassant les vendeurs hors du temple. . . — 389

6.-15. Différentes chasses. Suite de dix pièces. . . . — 389

   6) Des paysans labourant un champ. . . . . — 389

   7) Des chasseurs poursuivant un lièvre. . . . . — 389

   8) Trois chasseurs qui viennent de prendre un lièvre. . . — 389

   9) Deux chasseurs à cheval. . — 390

   10) Un chasseur à cheval. . . — 390

   11) Un cerf qui se défend contre deux chiens. . . . . — 390

   12) Chasse au cerf, dans un bois fermé par un filet. . . — 390

   13) Le pied de cerf remis au maître. — 390

   14) Trois chasseurs assaillant un sanglier. . . . . — 391

   15) Un chasseur épiant un cerf. — 391

16) Plan de la ville de Zuric. . — 391

17. Différens portraits de savans. — 391

223. 𝕯𝕸 . . . . . IX. 420

210   TABLE GÉNÉRALE.

Gravure en bois.

1. Un seigneur et une dame qui s'amusent à la chasse du vol. .   IX. p.420

224. **MF.** . . . .   IX.   520

   1. S. Sébastien attaché à un arbre.   —   520

   2. S. Sébastien attaché à une colonne.   —   521

   3. S. Christophe. . . . .   —   522

225. **MF.** Graveur en bois.   IX.   424

226. Ce numéro offre dans les planches des monogrammes un chiffre composé, à l'apparence, d'un M surmonté d'une croix et accompagné d'un F, mais proprement les lettres IVF. Mentionné. .   VII.   130

227. . . . . .   IX.   585

   1. Jésus Christ à la croix. 1597. .   —   585

   2. La Vierge couronnée par deux anges. 1596. . . .   —   586

228. . . . . .   IX.   158

   1-5. Les visions de l'apocalypse de S. Jean. Suite de cinq pièces. .   —   158

     1) S. Jean voit sept chandeliers d'or etc. 1544. . . .   —   158

     2) Dieu assis sur un trône etc. 1546.   —   158

     3) Les quatre chevaux de différentes couleurs etc. 1546. .   —   158

     4) Quatre anges retiennent tous les vents. 1546. . . .   —   159

5) Sept anges avec des trompettes.   IX. p. 159

6. Un Saint à la porte d'une chapelle où il engage d'entrer différentes personnes etc. 1546.   —   159

7. Des anges couvrant de vêtemens
différens hommes nuds etc. 1540.   —   159

8. Bordure pour le titre d'un missel.   —   160

229. **MG.**   .   .   .   IX.   423

Gravure en bois.

1. Plan perspectif de la ville d'Am-
berg en Bavière.   .   .   .   —   423

230. **M H.**   .   .   .   IX.   161

Gravure en bois.

1. La tour de l'église cathédrale de
Strasbourg. 1548.   .   .   .   —   161

231. **MHF**   .   .   .   .   IX.   407

Gravure en bois.

1. Vue de la ville de Frankfort sur
le Mein.   .   .   .   .   .   —   407

232. **ME**   .   .   .   .   IX.   565

Gravure en bois.

1. La défaite d'Holoferne.   .   .   —   565

233. **ME**   .   .   .   .   IX.   15

1. Montant d'ornemens.   .   .   —   15

234.   . . . . .   IX.   p. 14
   1. Vignette. . . . .   —   14
   2. Vignette. . . . .   —   14
   3. Panneau d'ornemens. 1536. .   —   15

235.   . . . .   IX.   84
   1. Quatre têtes de mort. . .   —   84

236.   Marc - Antoine
Hannas. . . . .   IX.   560

Gravures en bois.

   1. Le Sauveur dans un bassin de
sang. . . . . .   —   560
   2. Jésus Christ montré au peuple. —   561

237.   . . . .   IX.   430

Gravure en bois.

   1. Représentation de la parabole de
l'évangile de Matthieu. Chapitre XIX. Vers. 24. . . .   —   430

238.   Melchior Lorch.   IX.   500

Pièces gravées en cuivre.

   1. S. Jerôme. 1546. . . .   —   501
   2. Apollon. . . . .   —   502
   3. Le basilic. 1548. . . .   —   502

4. La femme endormie. 1551.   .   IX. p. 502
5. La taupe. 1548.   .   .   .   .   —   503
6. La grue 1549.   .   .   .   .   —   503
7. Le joueur de cornemuse. 1547.   —   503
8. L'homme crucifié. 1550.   .   .   —   504
9. Portrait d'Auger de Busbec. 1557.   —   5.5
10. Portrait d'Albert Durer. 1550.   —   505
11. Portrait de Michel d'Aicing. 1576.   —   506
12. Portrait de Martin Luther. 1548.   —   506
13. Le sultan Soliman, en buste.
     1559.   .   .   .   .   .   —   507
14. Le même sultan, en pied. 1559.   —   508
15. Ismaël, ambassadeur persan, en
     buste.   .   .   .   .   .   —   508
16. Le même, en pied. 1559.   .   —   509

Gravures en bois.

1. Le déluge.   .   .   .   .   —   510
2. La nature représentée par une
     jeune femme.   .   .   .   .   —   510
3. Une dame orientale.   .   .   .   —   511
4. Recueil de cent vingt-neuf pièces.
     *Wohlgerissene und geschnittene
     Figuren, in Kupfer und Holz etc.*   —   511

239. **LF** Graveur en bois.   .   IX.   420
240. Ce numéro offre dans les plan-
     ches des monogrammes un chiffre
     composé d'un M, surmonté des
     lettres L et F entrelacées. Men-
     tionné.   .   .   .   .   .   IX.   388

241. **M** . . . . IX. p. 154

Gravures en bois.

1. La Vierge pleurant le corps mort de Jésus Christ. 1548. . . — 154
2. Un prince de Bavière, à cheval. 1554. . . . . . — 155
3. Fréderic Electeur de Bavière. 1544. — 155
4. Un prince porté dans une litière. 1556. . . . . . — 155

242. **M** . . . . IX. 83
1. S. George. . . . . . — 83

243. **M** Martin Pleginck. IX. 590

1-8. Les dignités et les ordres ecclésiastiques. Suite de huit estampes. — 590
  1) Humiliatores. etc. . . . — 591
  2) Cardinal etc. . . . — 591
  3) Constantinopolitaner etc. . — 591
  4) Anthoniter etc. . . . — 591
  5) Benedicter etc. . . . — 591
  6) Willig. arm. bruder etc. . — 591
  7) Barfusser orden etc. . . — 591
  8) . . . . . . — 591
9-14. Différens cavaliers. Suite de six? estampes. . . . — 591
  9) Un général allant au galop vers la droite. . . . . — 592
  10) Un fauconnier à cheval. . — 592
  11) Une dame à cheval, allant vers la gauche. . . . . — 592

12) Un homme à cheval, armé d'une lance et d'un bouclier. . IX. p. 592

13) Un seigneur à cheval, allant au pas vers la droite. .   . — 592

14. Un homme à cheval, allant au pas vers la gauche. .   .   . — 593

15-21. Différens militaires à pied. Suite de sept estampes. .   . — 593

15) Un colonel et un piquier.   . — 593

16) Un lieutenant-colonel et un prévôt. .   .   .   .   . — 593

17) Un soldat armé d'un espadon et d'une rondache, et un sergent. — 593

18) Un enseigne et un trésorier du régiment. .   .   .   . — 593

19) Un tambour et un fifre.   . — 593

20) Un mousquetaire servant de sentinelle, et un officier de guerre, s'appuyant d'une main sur son espadon, et mettant l'autre sur le dos. .   .   .   . — 593

21) Un mousquetaire avec le morion en tête, et un arquebusier. — 593

22) Le brancard. 1594.   .   . — 594

23. Les escrimeurs. Suite de *cinq?* estampes. .   .   .   . — 594

244. ℞𝕸   .   .   .   . IX. 567

1. La circoncision. 1586.   .   . — 567

2. Le baptême. .   .   .   : — 567

3-15. Les travaux d'Hercule. Suite de treize pièces. .   .   . — 567

3) Le petit Hercule écrase deux serpens. 1577.   .   .   . — 568

4) Il déchire le lion de Némée.
1577.   .   .   .   .   .   IX. p. 568
5) Il assomme Cacus. 1577.   .   —   568
6) Il abbat l'hydre de Lerne. 1577.   —   568
7) Il arrache des enfers le chien
Cérbère. 1577.   .   .   .   —   568
8) Il étouffe Anthée. 1577. .   .   —   568
9) Il combat contre Achélous. 1577.   —   568
10) Il tue le dragon , gardien des
pommes du jardin des hespéri-
des. 1577.   .   .   .   .   —   569
11) Il aide Atlas. 1577.   .   .   —   569
12) Il combat contre les Centaures.
1577.   .   .   .   .   .   —   569
13) Il tue le centaure Nessus. 1577.   —   569
14) Il plante deux colonnes au dé-
troit de Gades. 1577.   .   .   —   569
15) Il arrête la biche aux pieds
d'airain dans sa course.   .   —   569
16. Thisbé.   .   .   .   .   .   —   569
17. La Charité.   .   .   .   .   —   570
18. Le paysan du marché. 1577.   .   —   570
19. Le joueur de cornemuse. 1577.   —   571
20. Le branle. 1577.   .   .   .   —   571
21-24. Marche des nouveaux mariés
de village. Suite de quatre estampes.   .   .   .   .   .   —   572
25. Le jeune captif.   .   .   .   —   572
26. Le perroquet sur l'arbre.   .   —   572

245 et 356. M. R.   VI.   413

1. L'homme de douleurs.   .   .   —   413
2. La tentation de S. Antoine.   .   —   414

246. M✝S Martin Schon-gauer. . . . . . VI. p. 103

I. Sujets de la bible.

1. L'ange de l'annonciation. . . — 119
2. La Vierge recevant l'annonciation. — 119
3. L'annonciation. . . . . — 120
4. La Nativité. . . . . — 120
5. La Nativité. . . . . — 122
6. L'adoration des rois. . . . — 122
7. Fuite en Egypte. . . . — 123
8. Le baptème de Jésus Christ. . — 123
9-20. La passion de Jésus Christ. Suite de douze estampes. . . — 124
   9) J. C. à la montagne des oliviers. — 124
   10) La prise de Jésus Christ. . — 124
   11) J. C. devant le grand-prêtre. — 125
   12) La flagellation. . . . — 125
   13) Le couronnement d'épines. . — 125
   14) Jésus Christ devant Pilate. . — 126
   15) Jésus Christ présenté au peuple. — 126
   16) Le portement de croix. . . — 126
   17) Le crucifiement. . . . — 126
   18) La sépulture. . . . — 127
   19) La descente aux limbes. . — 127
   20) La résurrection. . . . — 127
21. Le portement de croix. . . — 128
22. Jésus Christ à la croix. . . — 129
23. Jesus Christ à la croix. . . — 129
24. Jésus Christ à la croix. . . — 130
25. Jésus Christ à la croix. . . — 130
26. J. C. en jardinier apparoissant à Madelaine. . . . . — 130

II. *Vierges.*

27. La Vierge debout. . . . VI. p. 131
28. La Vierge debout. . . . — 132
29. La Vierge au perroquet. . . — 132
30. La Vierge assise sur un siége de
gazon. . . . . . — 133
31. La Vierge couronnée par deux
anges. . . . . . — 133
32. La Vierge assise dans une cour. — 134
33. La mort de la Vierge. . . — 134

III. *Saints.*

34-45. Les douze Apôtres représentés debout. Suite de douze estampes. . . . . — 136
34) S. Pierre. . . . — 136
35) S. André. . . . — 136
36) S. Jacques le majeur. . . — 136
37) S. Jean. . . . . — 137
38) S. Philippe. . . . — 137
39) S. Barthélemy. . . . — 137
40) S. Jacques le mineur. . . — 137
41) S. Matthieu. . . . — 137
42) S. Judas Thaddée. . . — 137
43) S. Simon. . . . — 137
44) S. Thomas. . . . — 137
45) S. Paul. . . . . — 138
46. S. Antoine, le premier Ermite. — 138
47. S. Antoine tourmenté par les
démons. . . . . — 140
48. S. Christophe. . . . — 141
49. S. Etienne. . . . — 141
50. S. George. . . . . — 142
51. S. George. . . . . — 142

52. S. George.   .   .   .   .   VI. p. 142
53. S. Jacques le majeur.   .   .   —   143
54. S. Jean. Baptiste.   .   .   .   —   143
55. S. Jean l'évangéliste.   .   .   —   144
56. S. Laurent.   .   .   .   .   —   145
57. S. Martin.   .   .   .   .   —   145
58. S. Michel.   .   .   .   .   —   145
59. S. Sébastien.   .   .   .   .   —   146
60. S. Sébastien.   .   .   .   .   —   147
61. Un Saint Evêque.   .   .   .   —   147

IV. Saintes.

62. S. Agnès.   .   .   .   .   .   —   147
63. S. Barbe.   .   .   .   .   .   —   148
64. S. Catherine.   .   .   .   .   —   148
65. S. Catherine.   .   .   .   .   —   149
66. La Véronique.   .   .   .   .   —   149

V. Différens autres sujets pieux.

67. Le petit sauveur.   .   .   .   —   150
68. Le Sauveur.   .   .   .   .   —   150
69. L'homme de douleurs.   .   .   —   150
70. Dieu assis sur le trône.   .   .   —   151
71. La Vierge sur un trône auprès
    de dieu.   .   .   .   .   .   —   152
72. Dieu couronnant la S. Vierge.   .   —   152
73-76. Les symboles des quatre évan-
    gélistes. Suite de quatre estampes.   —   152
    73) Le Symbole de Matthieu.   .   —   152
    74) Celui de S. Marc.   .   .   .   —   153
    75) Celui de S. Luc.   .   .   .   —   153
    76) Celui de S. Jean.   .   .   .   —   153
77-81. Les cinq Vierges sages.   .   —   153
    77) La première.   .   .   .   —   153

78) La seconde. . . . . VI. p. 154
79) La troisième. . . . — 154
80) La quatrième. . . . — 154
81) La cinquième. . . . — 154
82-84 Les cinq Vierges folles. . — 154
82) La première. . . . — 155
83) La seconde. . . . . — 155
84) La troisième. . . . — 155
85) La quatrième. . . . — 155
86) La cinquième. . . . — 155
87. Une des Vierges folles, à mi-corps. — 156

VI. *Sujets profanes, animaux, rinceaux d'ornemens et différens autres sujets.*

88. Le départ pour le marché. . — 157
89. Le meûnier. . . . — 157
90. Deux hommes marchant de compagnie. . . . . . — 158
91. Les apprentis orfévres. . . — 158
92. L'éléphant. . . . — 159
93. Le dragon. . . . . — 159
94. Le cerf et la biche. . . . — 159
95. Les cochons. . . . — 160
96-105. Différentes armoiries. Suite de dix estampes. . . . — 160
96) Un ange à ailes déployées, à genoux. . . . . . — 160
97) Jeune femme soutenant un écu à la licorne. . . . . — 160
98) Jeune femme soutenant un écu au butor. . . . . — 161
99) Jeune femme soutenant un écu coupé, à trois étoiles. . . — 161

100) Femme sauvage portant un écu parti, écartelé au premier, à une tête de lion.   VI. p. 161

101) Homme à genoux, tenant deux écus accolés.   — 161

102) Paysan tenant un écu parti, à deux demi-vols adossés.   — 161

103) Sauvage tenant un écu au lévrier.   — 161

104) Sauvage tenant un écu coupé à la tête de cerf.   — 161

105) Sauvage tenant deux écus accolés.   — 161

106. La crosse.   — 162

107. L'encensoir.   — 162

108. Rinceau d'ornemens, au hibou.   — 162

109. Rinceau d'ornemens.   — 163

110. Rinceau d'ornemens.   — 163

111. Rinceau d'ornemens.   — 163

112. Rinceau d'ornemens.   — 164

113. Rinceau d'ornemens.   — 164

114. Rinceau d'ornemens, au perroquet.   — 165

115. Rinceau d'ornemens, aux mures.   — 165

116. Rinceau d'ornemens.   — 166

VII. *Estampes qui portent la marque de Martin Schonguuer, mais qui n'ont pas été gravées par ce maître.*

1. La nativité.   — 166

2. La nativité.   — 167

3. Le corps de Jésus Christ descendu de la croix.   — 167

4. Jésus Christ mis au tombeau.   .   VI. p. 168
5. Jésus Christ en jardinier apparois-
     sant à la Madelaine.   .   .   —   169
6. Jésus Christ au milieu de six anges.   —   169
7. La Vierge debout.   .   .   .   —   170
8. La Vierge debout.   .   .   .   —   170
9. S. Antoine l'Ermite.   .   .   .   —   171
10. S. George.   .   .   .   .   —   171
11. S. Catherine.   .   .   .   „   —   172
12. S. Barbe.   .   .   .   .   .   —   173
13. La Véronique.   .   .   .   .   —   173
14. Une des Vierges sages.   .   .   —   174
15. Trois figures à mi-corps, sur une
     même planche.   .   .   .   .   —   174
16. Un éléphant.   .   .   .   .   —   175
17. Animal chimérique.   .   .   .   —   175
Appendice. Pièces du catalogue de
     Heinecke, qui ne se trouvent pas
     dans le notre.   .   .   .   .   —   176

247.   [monogram]   .   .   .   .   IX.   68
1. Le jugement de Salomon. 1540.   .   —   68
2. Les cinq vierges sages de l'évan-
     gile. 1540.   .   .   .   .   .   —   68
3-14. L'histoire de l'enfant prodigue.
     Suite de douze estampes.   .   .   —   69
   3) L'enfant prodigue demandant à
      son père ce qui devoit lui re-
      venir de son bien. 1541.   .   —   69
   4) Il va dans un pays éloigné. 1543.   —   69
   5) Il se divertit avec des femmes
      perdues. 1543.   .   .   .   —   69
   6) Il dissippe son bien. 1541.   .   —   69

7) Les femmes perdues le dépouillent. 1543. . . . . IX. p. 70
8) Ces femmes le chassent de la
maison. 1541. . . . — 70
9) Il se met au service. 1543. . — 70
10) . . . . . . — 70
11) Il mange avec les pourceaux.
1543. . . . . . — 70
12) Il retourne chez son père. . — 70
13) Il est tendrement accueilli de
son père. . . . . — 71
14) Il est à table avec son père. — 71
15-23. Les paysans dansans. Suite
de neuf estampes. . . . — 71
15) . . . . . . — 71
16) Un couple de dansans. 1542. — 71
17) Autre. . . . . . — 71
18) . . . . . . — 72
19) Autre. . . . . . — 72
20) Autre. . . . . . — 72
21) Autre. . . . . . — 72
22) . . . . . . — 73
23) Autre. . . . . . — 73
24-35. La danse de gens de condition. Suite de douze estampes. — 73
24) Un tambour et un fifre. . — 73
25) Couple de danseurs. . . — 73
26) . . . . . . — 74
27) Autre. . . . . . — 74
28) Autre. . . . . . — 74
29) Autre. . . . . . — 74
30) Autre. . . . . . — 75
31) Autre. . . . . . — 75
32)

224   **TABLE GÉNÉRALE.**

33)	IX.	p. 75
34)	—	75
35) Autre.	—	75
36. La surprise. 1540.	—	76
37. La polisonnerie. 1540.	—	76
38. Le mari maltraité.	—	77
39. Montant d'ornemens.	—	77
40. Montant d'ornemens.	—	78
41. Gaine pour un couteau et une fourchette. 1540.	—	78
42. Dessein de poignard. 1540.	—	78
248.	VIII.	22
1-12) Les martyres des douze Apôtres.	—	22
1) S. Pierre.	—	22
2) S. André.	—	22
3) S. Jacques le majeur.	—	23
4) S. Jean l'évangéliste.	—	23
5) S. Philippe.	—	23
6) S. Barthélemy.	—	23
7) S. Matthieu.	—	23
8) S. Thomas.	—	23
9) S. Jacques le mineur.	—	23
10) S. Simon.	—	23
11) S. Judas Thaddée.	—	23
12) S. Mathias.	—	23
249.	VII.	474

Gravure en bois.

1. Un prêtre entendant la confession d'un homme.	—	474

250. **MW.**   .   .   .   IX. p. 434

Gravure en bois.

1. La conversion de S. Paul. .   .   —   435

251. **M3**   .   .   .   .   VI.   371

Sujets pieux.

1. Salomon adorant les idoles.   .   —   371
2. La Vierge. 1501.   .   .   .   —   372
3. La décollation de S. Jean Baptiste.   —   372
4. Le martyre de S. Sébastien.   .   '—   373
5. S. Sébastien.   .   .   .   .   —   373
6. S. George.   .   .   .   .   .   —   374
7. S. Christophe.   .   .   .   .   —   374
8. La décollation de S. Catherine.   —   374
9. La décollation de S. Barbe.   .   —   375
10. S. Ursule. .   .   .   .   .   —   376
11. S. Catherine.   .   .   .   .   —   376
12. S. Marguerite.   .   .   .   —   376

Sujets profanes.

13. Le grand bal. 1500.   .   .   —   378
14. Le grand tournoi. 1500.   .   .   —   378
15. L'embrassement.   .   .   .   —   378
16. Les deux amants.   .   .   .   —   379
17. La pensée de la mort.   .   .   —   379
18. Le mari subjugué par sa femme.   —   379
19. Le cavalier avec la dame en
    croupe.   .   .   .   .   .   —   380
20. Les soldats.   .   .   .   .   —   380
21. Lueur et obscurité. 1500.   .   —   380

252. **MZ.** . . . . IX. p. 527

  1. La nativité. 1566. . . . — 527
  2. Le crucifiement. 1566. . . — 527
  3. La conversion de S. Paul. 1566. — 528
  4. Diane au bain. 1566. . . — 528
  5. Ecusson d'armes. 1570. . — 529

Mair. Voyez Nr. 216.

Matheus, George.

Gravure en bois.

  1. Fuite en Egypte. . . . IX. 426

Matsys, Corneille. Voyez Nr. 58.

Maurer, Christophe. Voyez Nr. 222.

Mayer, Alexandre. Voyez Nr. 17.

Mecken, Israël de. Voyez Nr. 192.

Meldemann, Nicolas. V. Nr. 257.

Met. Cor. Voyez Nr. 60.

N.

253. **NF** Nicolas Andrea. IX. 512

  1. Rebecca. 1585. . . . . — 512
  2. La fortune. . . . . — 513
  3. Portrait de Joachim de Sintzendorf. — 514
  4. Celui de George Has. 1581. . — 514

254. **AR** . . . . VII. 545

  1. Sainte famille. . . . . — 545

255. ·N·H·   .   .   .   .   VII. p. 547

1. Dieu apparoissant à Jérémie. 1525.   —   547
2. Jérémie descendu dans une basse
   fosse. 1525.   .   .   .   .   —   548
3. L'homme de douleurs. 1523.   .   —   548
4. La Trinité. 1524.   .   .   .   —   548
5. Les patriarches. 1524.   .   .   —   548
6. Les Saints.   .   .   .   —   550
7. Dieu bénissant trois martyrs. 1524.   —   550
8. S. Dorothée. 1525.   .   .   .   —   550
9. S. Barbe. 1525.   .   .   .   —   551
10. S. Marguerite. 1525.   .   .   —   551
11. Un guerrier romain, vu par le
    dos. 1524.   .   .   .   .   —   551
12. Un guerrier romain, vu de fa-
    ce. 1524.   .   .   .   .   —   552

Gravure en bois.

1. Des paysans combattant contre
   d'hommes nuds.   .   .   —   552

256. ᕼᑎ   .   .   .   .   VII.   545

1. La Vierge avec l'enfant Jésus.   —   545

257. M Nicolas Mel-
demann.   .   .   .   .   VII.   481

Gravures en bois.

1. La danse des nez à Gimpelsbrunn.   —   482
2. Pierre Perschyna, capitaine de
   troupes de Bohème.   .   —   483

258. NVD Nicolas Ema-
nuel Deutsch. . . . VII. p. 468

Gravures en bois.

1-10. Les vierges sages et les vierges folles. Suite de dix pièces. — 469

259. TN . . . . . IX. 56a

Gravure en bois.

1. Le ravissement d'Hélène. . . — 562

260. NOE ♂ . . . VIII. 10
1. S. Antoine. . . . . — 10

261. NSN. . . . VII. 542
1. La S. Vierge. . . . . — 542

262. N S. . . . . VII. 494

Gravure en bois.

1. Bataille. Grande pièce de trois
morceaux. 1530. . . . — 494

263. ΔS . . . . . IX. 231
1-3. Des soldats. Suite de trois estampes. . . . . . — 231
1) Un hallebardier. . . . — 231
2) Un tambour. . . . . — 231
3) Un fifre. . . . . — 231

264.   . . . . . VII. p. 544

1. Le vieillard trompé. . . . — 544

265. N. NW. . . VIII. 543

1. Bernard Knipperdolling. 1536. . — 543
2. La victoire et la renommée. . — 544
3. Sacrifice au dieu Priape. . . — 544
4 Le Triton et la Sirène. . . — 544
5. Le cheval ailé. . . . . — 545
6. Le triomphe de Paris et d'Hélène. — 545
7. Saturne en planète. . . . — 546
8. Jeux d'enfans. 1533. . . . — 546
9. Vignette aux deux branches de
feuilles. . . . . . — 547
10. Vignette aux deux enfans nuds. — 547
11. Vignette aux rinceaux terminés
par deux mascarons. 1533. . — 547
12. Ornemens de sculpture. 1533. . — 548
13. Montant d'ornemens. 1534. . — 548
14. Montant d'ornemens au buste
dans un médaillon. 1534. . — 549
15-16. Deux desseins de gaine. 1534. — 549
15) Le premier, à la figure d'Eve.
1534. . . . . . — 549
16) Le second, à la figure d'Adam.
1534. . . . . . — 550
17. Montant d'ornemens à la Sirène
et au chérubin. 1534. . . — 550
18. Frise remplie de feuillages. 1531. — 551

Navette (le maître à la) Voyez Nr. 181.

Negker, Josse de. Voyez Nr. 188.

Nero.

1. La justice. . . . . . IX. p. 49

P.

266. **P F.** . . . . . IX. 162

Gravures en bois.

1. Un vieillard debout. . . — 162
2. L'heure de la mort. . . — 163
3. L'alphabet romain. . . — 163

267. ℙ . . . . . IX. 233

1. Jonas. 1552. . . . — 234
2. Allégorie sur l'ancien et le nouveau testament. 1552. . — 234
3. Portrait de Jean Guillaume, duc de Saxe. 1554. . . — 235
4. Portrait de Jean Fréderic II, duc de Saxe. 1552. . . — 236
5. Autre portrait du même. 1552. — 236
6. Portrait de Jean Fréderic I, électeur de Saxe. 1551. . — 236

268. **P H.** . . . IX. 86

1. L'annonciation. . . — 86
2. Jésus Christ à la croix. . — 87

Humanae salutis monumenta.
1. Frontispice. . . — 88

2) L'échelle de Jacob.   .   .   IX.   p. 88
3) Les Israëlites traversant le Jour-
    dain.   .   .   .   .   .   —   88
4) L'adoration des mages.   .   —   88
5) La résurrection de Lazare.   .   —   88
6) La prise de Jésus Christ.   .   —   88
7) La flagellation.   .   .   .   —   88
8) Jésus Christ montré au peuple.   —   88
9) Pilate se lavant les mains.   .   —   88
10) La transfiguration.   .   .   —   88

269. PH   .   .   .   .   IX.   489
    RIDE
    1. S. George à pied.   .   .   —   489

270. PL   .   .   .   .   VII.   455

        Gravure en bois.

    1. Repos en Egypte. 1516.   .   —   455

271. PK   .   .   .   .   IX.   562

        Gravure en bois.

    1. Henri IV.   .   .   .   —   562

272. PM.   .   .   .   VI.   415

    1 L'homme de douleurs au milieu
    de deux anges.   .   .   —   415

273. PD   .   .   VIII.   19
    1. La Vierge immaculée. 1529.   —   19

274. ℞ . . . . . IX. p. 436

Gravure en bois.

1. Portrait de Guillaume de Grum-
pach. 1567. . . . — 437

275. ℞ . . . . . IX. 547
1. La fête de Zwickau. . . — 547

276. P S dans une tablette. Mentionné . . . . . VIII. 468

277. PᵛL. . . . . VIII. 24
1. Le maître de la vigne de l'évangile. — 24
2. S. Catherine. . . . — 25
3. Le purgatoire. . . . — 25

278. Pw. . . . . VI. 309
1. La vierge. . . . — 309
2. S. George. . . . — 309
3. Les deux soldats. . . — 310

Pencz, George. Voyez Nr. 102.
Pilgrim, Jean Ulric. Voyez Nr. 191.
Pleginck, Martin. Voyez Nr. 243.

R.

279. R. . . . . . VIII. 541
1. Panneau d'ornemens aux trois enfans debout en triangle. . — 541

284. R. K. F. . . . . IX. p. 241

  1. La femme se baignant les pieds. — 241

285. ℛℛ . . . . . VIII. 551

  1. Judith. . . . . . — 551
  2. Esther. . . . . . — 552

286. (monogramme) . . . . IX. 232

  1. Le retour de l'enfant prodigue.
    1547. . . . . — 232

287. (monogramme) accompagné du mo-
    gramme 339. . IX. 168

Gravures en bois.

1-10. Différens desseins d'architecture. Suite de dix estampes. . — 168
  1) Un temple rond, entouré d'une
    colonnade. 1545. . . . — 168
  2. Un temple rond, surmonté d'un
    dôme. . . . . — 168
  3) Arc triomphal, avec Hercule
    et Anthée. . . . . — 168
  4) Grand vestibule. . . . — 168
  5) Arc triomphal. Pièce marquée:
    zu Zurich. . . . . — 169
  6) Arc triomphal avec cinq portes. — 169
  7) Arc triomphal avec une gran-
    de pòrte au milieu, et avec
    trois fenêtres à chaque côté. — 169
  8) Une espèce de temple dont la

porte du milieu est ornée de
deux termes.   .   .   .   .   IX. p. 169
9) Un grand bâtiment, surmonté
de deux tours carrées.   .   .   —   169
10) Arc triomphal avec deux portes.   —   169

Resch, Wolfgang.

Gravure en bois.

1. La femme vertueuse.   .   .   VII.   473

S.

288. S.   .   .   .   .   .   VIII.   13
1. Adam et Eve.   .   .   .   .   —   13
2. Des soldats faisant boire Jésus
Christ avant de le crucifier.   .   —   13
3. Jésus Christ à la croix.   .   .   —   14
4. La décollation de S. Jean.   .   —   14
5. La tentation de S. Antoine.   .   —   15
6. S. George.   .   .   .   .   .   —   15
7. Un Saint debout.   .   .   .   —   16
8. L'homme et la femme marchant
ensemble.   .   .   .   .   .   —   16
9. L'escrimeur.   .   .   .   .   —   16
10. Autre escrimeur.   .   .   .   —   17
11. Gaine de couteau.   .   .   .   —   17

289. ♂   .   .   .   .   .   VIII.   10
1. La Vierge debout sur le croissant   —   10

290. ⌐ . . . . . VIII. p. 11
  1. Un jeune homme à la tête d'une
    troupe de gens armés. . . — 11

291. S B. . . . . VIII. 9
  1. La Vierge au singe. . . . — 9

292. SF. . . . . . IX. 401

        Gravures en bois.

  1. Deux sujets de la bible. Deux
    pièces. . . . . . — 402
  2. Différens sujets qui se trouvent
    dans une bible de M. Luther,
    impr. à Francfort en 1565. . — 402

293. SF. Graveur en bois. . IX. 419

294. SG. . . . . IX. 438

        Gravures en bois.

  1. Judas trahissant Jésus Christ. . — 438
  2. Jésus Christ amené devant le
    grand-prêtre. . . . . — 439
  3. Les saintes femmes allant visiter
    le tombeau. . . . . — 439

295. S Æ H . . . . VI. 391
  1. Le crucifix. . . . . — 391
  2. La Vierge au singe. . . . — 391

296. $\mathcal{SG}$ . . . . IX. p. 5:8
  1. Panneau de menuiserie. . . — 5:8

297. $\mathcal{S}$ . . . . . VII. 49a

Gravure en bois.

  1. Un apôtre prêchant d'un vaisseau à des payens. . . . — 49a

298. SI. Graveur en bois. . IX. 4a3

299. $\mathcal{R\!R}$ . . . . . VI. 408
  1. La Vierge debout. . . . — 408

300. $\mathcal{SG}$ . . . . VIII. 21
  1. Adam et Eve. . . . . — 21

3o1. Stalburch. . . . IX. 476
  1. Junon et Sémélé. 1555. . . — 476
  2. Pièce allégorique offrant une femme calmant la colère d'un homme. 1556. . . . . . — 477

3o2. $\mathcal{ST}$ Tobie Stimmer. IX. 33o

Gravures en bois.

  1. L'annonciation. . . . . — 335
  2. La visitation. . . . . — 335
  3. La nativité. . . . . — 335
  4. La présentation au temple. . — 335
  5. Jésus Christ au temple avec les docteurs de la loi. . . . . — 335

6. Femme tenant une lance brisé d'une main, et de l'autre les tables de la loi.   IX. p 336
7. Portrait d'un vieux docteur en théologie.   — 336
8. Portrait de quelque savant.   — 336
9-18. Les degrés de l'âge de l'homme et de la femme. Suite de dix pièces.   — 337
Les degrés de l'âge de l'homme.
9) L'âge de dix ans, et celui de vingt ans.   — 337
10) L'âge de trente ans, et celui de quarante ans.   — 337
11) L'âge de cinquante ans, et celui de soixante ans.   — 337
12) L'âge de soixante et dix ans, et celui de quatre-vingts ans.   — 338
13) L'âge de quatre-vingts dix ans, et celui de cent ans.   — 338
Les degrés de l'âge de la femme.
14) L'âge de dix ans, et celui de vingt ans.   — 338
15) L'âge de trente ans, et celui de quarante ans.   — 339
16) L'âge de cinqnante ans, et celui de soixante ans.   — 339
17) L'âge de soixante et dix ans, et celui de quatre-vingts ans.   — 339
18) L'âge de quatre-vingts dix ans, et celui de cent ans.   — 339
19-24. Les différentes dignités et charges de l'église romaine. Suite de six pièces.   — 339

19) Le pape, un cardinal et un évêque. . . . . . , IX. p. 340
20) Trois évêques. . . . — 340
21) Deux abbées et un Ermite. . — 340
22) Trois moines. . . . — 340
23) Un pélerin, un curé et un pénitencier. . . . . — 340
24) Un prêtre suivi d'un diacre et d'un sacristain. . . . — 340
25-30. Les différentes dignités et charges séculières. Suite de six pièces. . . . . . — 340
25) Un empereur, un roi et un duc. — 341
26) Trois princes. . . — 341
27) Trois comtes. . . . — 341
28) Trois chevaliers. . . . — 341
29) Un docteur en médecine, un docteur en droit et son client. — 341
30) Un artisan, un soldat et un marchand. . . . . — 341
31-36. L'histoire d'un paysan et de son âne. Suite de six pièces. — 341
31) Le premier sujet. . . . — 342
32) Le second sujet. . . . — 342
33) Le troisième sujet. : . — 342
34) Le qnatrième sujet. . . — 343
35) Le cinquième sujet. . . — 343
36) Le sixième sujet. . . . — 343
37-45. Les musiciennes. Suite de neuf pièces. . . . . . — 343
37) La première, jouant de la basse de viole. . . . . — 344
38) La seconde, jouant de la guitare. — 344
39) La troisième, jouant du luth. — 344

40) La quatrième, jouant de la flûte traversière. . . . IX. p. 344

41) La cinquième, jouant du clairon. . . . . . — 344

42) La sixième, jouant du chalumeau. . . . . . — 344

43) La septième, jouant du fagot. — 344

44) La huitième, jouant du tympanon. . . . . . — 344

45) La neuvième, jouant de l'orgue. — 344

46-53. Le bal. Suite de huit pièces. — 344

46) Quatre musiciens assis. . . — 344

47) Un homme dansant avec une dame. . . . . . — 344

48) Autre couple de danseurs. . — 344

49) Autre couple. . . . — 345

50) Autre couple. . . . — 345

51) Autre couple. . . . — 345

52) Autre couple. . . . — 345

53) Un homme embrassant une dame. . . . . . — 345

54-61. Les noces de village. Suite de huit pièces. . . . . — 345

54) Deux musiciens. . . . — 345

55) Un villageois dansant avec une femme. . . . . . — 346

56) Autre couple. . . . — 346

57) Autre couple. . . . — 346

58) Autre couple. . . . — 346

59) Autre couple. . . . — 346

60) Autre couple. . . . — 346

61) Autre couple. . . . — 346

62. Sujets de la bible. Suite de cent quatre-vingts pièces. *Neue kunst-*

liche *Figuren biblischer Histo-*
rien etc. . . . . . IX. p. 346

63. Différens sujets de la bible pour
les livres des antiquités Ju-
daïques par Joseph l'hébreux.
Francf. 1580. . . . . — 347

64. Figures pour une traduction allemande de *Tite Live* et de *Lu-*
cius Florus. . . . . — 348

65. Pièces gravées pour un ouvrage
intitulé: *Contrafacturbuch* par
Christophe Reusner. . . . — 349

66. Différentes chasses, qui se trouvent dans un ouvrage intitulé:
Künstliche wohlgerissene Figuren
und Abbildungen etlicher jagd-
baren Thire etc. . . . — 350

303. *A Stym:* . . IX. 559
1. Lazare Svendi. . . . — 559

304. S W. . . . VIII. 7
1-12. La passion de Jésus Christ. Suite de douze estampes. . . — 7
1) J. C. à la montagne des oliviers. — 7
2) La prise de Jésus Christ. . — 7
3) J. C. devant le grand-prêtre. . — 7
4) La flagellation. . . . — 7
5) Le couronnement d'épines. . — 7
6) Jésus Christ devant Pilate. . — 7
7) Jésus Christ présenté au peuple. — 7
8) Le portement de croix. . . — 8
9) Le crucifiement. . . . — 8

10) La sépulture. . . . . VIII. p. 8
11) La descente aux limbes. . — 8
12) La résurrection. . . . — 8

Schaufelein, Hans Voyez Nr. 154.
Schön, Erhard. Voyez Nr. 80.
Schongauer, Martin. Voyez Nr. 246.
Siebmacher, Jean . . . IX. 595

1-12. Différentes chasses. 1596. Suite
de dix estampes. . . . — 595
1) Chasse aux singes. . . . — 595
2) Chasse aux lièvres. . . . — 595
3) Chasse au cerf. . . . — 595
4) Chasse aux renards. . . — 595
5) Chasse à l'ours. . . . — 595
6) Chasse au sanglier. . . . — 595
7) La pêche. . . . . — 595
8) Chasse aux canards. . . — 595
9) Chasse aux cailles. . . — 595
10) Chasse au taureau. . . — 595
11. Chasse au lièvre. . . . — 596
12-23. Les douze mois de l'année.
1596. Suite de douze estampes. — 596
12) Janvier. . . . . — 596
13) Février. . . . . — 596
14) Mars. . . . . . — 596
15) Avril. . . . . . — 596
16) Mai. . . . . — 596
17) Juin. . . . . . — 596
18) Juillet. . . . . — 596
19) Août. . . . . — 596
20) Septembre. . . . . — 596
21) Octobre. . . . . — 596

22) Novembre. . . . . IX. p. 596
23) Décembre. . . . . — 596

Solis, Virgile. Voyez Nr. 323.

Specklin. Daniel.

1. L'église cathédrale de Strasbourg.
1587. . . . . . . IX. 589

Sringinklée, Hans. Voyez Nr. 159.

Stalburch. Voyez Nr. 301.

Star, Thiery van. Voyez Nr. 75.

Stimmer, Tobie. Voyez Nr. 302.

Strauch, Laurent.

1. La place de Nuremberg. 1599. . IX. 599

T.

305. . . . . VII. 487

Gravure en bois.

1. La Vierge et S. Dorothée. . — 487

306. . . . . IX. 437

Gravure en bois.

1. La sépulture d'une sainte religieuse. . . . . . — 437

307. TB. . . . . IX. 522

1. Sigismond baron de Herberstein. — 522
2. Autre portrait du même. 1541. . — 523
3. Portrait d'Ubermann. . . — 523
4. Portrait de Maximilien II. . — 523

5. Les armoiries d'Urbain, évêque
de Passau. . . . . IX. p. 524

308. . . . . . IX. 481
1. Le dîner impérial. 1561. . . — 481

309. . . . . IX. 524
1. L'électeur de Mayence. . — 524
2. George Khevenhuller. . — 525

310. . . . . IX. 406

Gravure en bois.

1. Absolom tué par Joab. . — 407

311. . . . . IX. 525
1. Vénus. . . . . — 525

312. T. W. . . . VI 311

1. S. Christophe. . . . — 311

313. Ce numéro offre dans les planches des monogrammes un chiffre
composé des lettres T et W. Il se
trouve aussi sous la lettre W.
Nr. 345.

314. . . . VI. 411
1. S. Christophe. . . . — 411

V.

315. VE Graveur en bois.   IX. p. 422

316.   .   .   .   .   .   IX.   67
   1. Le seigneur et la dame à ge-
      noux devant un crucifix. 1546.   —   67

317.   Jean Laden-
   spelder d'Essen.   .   .   IX.   57
   1. Portrait de Jean Ladenspelder.
      1540.   .   .   .   .   .   —   58
   2. La descente de croix.   .   .   —   58
   3. L'homme de douleurs. 1540.   .   —   59
   4. La S. Trinité. 1542.   .   .   .   —   59
   5-8. Les quatre Evangélistes. Suite
      quatre estampes.   .   .   .   —   60
      5) S. Matthieu.   .   .   .   .   —   60
      6) S. Marc. .   .   .   .   .   —   60
      7) S. Luc.   .   .   .   .   —   61
      8) S. Jean. 1549.   .   .   .   —   61
   9. La conversion de S. Paul.   .   —   61
   10. Pièce allégorique sur les vertus
      chrétiennes. 1547.   .   .   .   —   62
   11-15. Les planètes. Suite de cinq
      estampes.   .   .   .   .   —   63
      11) Le soleil. 1548.   .   .   .   —   63
      12) Saturne.   .   .   .   .   —   63
      13) Vénus.   .   .   .   .   —   64
      14) Mars. 1548.   .   .   .   —   64

15) Cette même planète. . . IX. p. 64
16. L'Orgueil. . . . . — 64
17. La paresse. 1540. . . . — 65
18. Titre, offrant un montant d'ornemens : *Amen Amen dico* etc. . — 65
19. L'obéissance. . . . . — 66
20. Panneau d'ornemens. . . — 66

318. V G. . . . . IX. 22

1. Vignette. 1534. . . . . — 22
2. L'enfant jouant de la cornemuse. — 23
3. Triomphe de Bacchus. 1534. . — 23

319. V. H. . . . . IX. 475

1. Paysan et paysanne. 1557. . . — 475

320. XV . . . . IX. 577

1. La résurrection. 1588. . . — 577
2. S. Christophe. . . . . — 577
3. La fortune. 1592. . . . — 578

321. VG . . . . VI. 390

1. Une des Vierges folles. . . — 390

322. V×ℭ   U
Urse Graf. . . . VII. 456

Gravure en cuivre.

1. Jésus Christ à la croix. . . — 458

Gravures en bois.

1. Joab tuant Amasa. . . . VII. p. 459
2. La passion de Jésus Christ. Suite
   de vingt quatre estampes. . — 459
3. La passion de Jésus Christ. Suite
   de vingt pièces. . . . — 460
4. Différens sujets pour les évangiles. Suite de seize pièces. . . — 460
5. J. C. instruisant ses disciples. . — 461
6. Jésus C. amené devant le grand-
   prêtre. . . . . . — 461
7. Différens sujets de la passion, dans
   un paysage. Grand morceau de
   deux planches. . . . — 462
8. L'homme de douleurs. . . — 462
9. La S. Vierge. . . . . — 462
10. S. Pierre et S. Paul. . . — 462
11. La vie de S. Béat. Suite de seize
    pièces. . . . . . — 463
12. Vignette. . . . . — 463
13. Vignette. . . . . — 464
14. Un pélerin distribuant de l'argent. — 464
15. Un maître d'école. . . . — 464
16. La mort menaçant deux soldats.
    1524. . . . . . . — 465
17. L'écu à l'aigle impériale. . — 465

323. ⷠ Virgile Solis. IX. 242

Pièces gravées sur cuivre.

Sujets de l'ancien testament.

1-3. Dieu le createur, Adam et Eve.
   Suite de trois estampes. . . — 246

4. Adam et Eve.   .   .   .   .   IX. p. 246
5-6. Adam et Eve. Deux pièces.   .   —   246
7. L'histoire des premiers hommes.   —   247
8. L'histoire des premiers hommes.   —   247
9. Le déluge. .   .   .   .   .   —   247
10. Le déluge.   .   .   .   .   —   247
11. Dalila coupant les cheveux à
      Samson.   .   .   .   .   .   —   248
12. David appercevant Bethsabée au
      bain.   .   .   .   .   .   .   —   248
13. Salomon adorant les idoles.   .   —   248
14. Judith.   .   .   .   .   .   —   249
15. L'histoire de Judith   .   .   —   249
16. Athalie.   .   .   .   .   .   —   249

Sujets du nouveau testament.

17. L'annonciation.   .   .   .   —   249
18. La nativité.   .   .   .   .   —   250
19. Le massacre des innocens.   .   —   250
20. La Cène. .   .   .   .   .   —   250
21. La transfiguration de J. C.   .   —   250
22. La pentecôte.   .   .   .   —   250
23. Le jugement universel.   .   .   —   251
24. Allégorie sur le vieux et le nou-
      veau testament. .   .   .   .   —   251
25. Le Sauveur, en buste.   .   .   —   251
26. La décollation de S. Jean Bap-
      tiste. .   .   .   .   .   .   —   252
27-53. Différens sujets des évangiles.
      Suite de vingt sept planches.   .   —   252

Sujets de l'histoire profane.

54-62. Les héros les plus célébres de
      l'histoire. Suite de neuf estampes.   —   252

TABLE GÉNÉRALE. 249

54) *Josué.*	IX. p.	253
55) *Rex Davit.*	—	253
56) *Judas machab.* . . .	—	253
57) *Hector von Droi.* . .	—	253
58) *Der gros Alexander.* . .	—	253
59) *Julius Cesar.* . . .	—	253
60) *Caiesar Carolus.* . . .	—	253
61) *Cunnig Artus.* . . .	—	253
62) *Herczog Gotefridt.* . .	—	253
63-71. Les héroïnes les plus célébres de l'histoire. Suite de neuf estampes.	—	253
63) *Veturia.*	—	253
64) *Lucrecia.*	—	253
65) *Virginia.*	—	253
66) *Jahel.*	—	253
67) *Hester.*	—	254
68) *Judith.*	—	254
69) *S. Eiena.*	—	254
70) *S. Esbela.*	—	254
71) *S. Brigita.*	—	254
72-83. Les douze empereurs romains. Suite de douze estampes. . .	—	254
72) *Julio.*	—	254
73) *Octavianus.* . . .	—	254
74) *Tiberi.*	—	254
75) *Caius.*	—	254
76) *Claudio.*	—	254
77) *Nero.*	—	254
78) *Galba.*	—	254
79) *Vespasiano.* . . .	—	254
80) *Tito.*	—	254
81) *Domiciano.* . . .	—	254
82) *Nero.*	—	254

250   TABLE GÉNÉRALE.

83) *Traino*. . . . . IX. p. 255
84. Jeune prince implorant la pitié
    d'un tyran à cheval etc. . . — 255

Sujets de la mythologie.

85. Apollon tuant le dragon Python. — 255
86. Trois femmes. *Nunquam tutus*,
    etc. . . . . . . — 255
87. Hyppomène. *Quum Cupidi ne-*
    quiere etc. . . . . . — 255
88. Jupiter et Antiope. . . . — 256
89. Jupiter embrassant Sémélé. . — 256
90. Mars. *Ek aouo*. . . . — 256
91. Hercule et Anthée. . . . — 256
92-103. Différentes femmes de l'his-
    toire de la fable. Suite de douze
    estampes. . . . . . — 256
    92) Une femme tenant un bouclier
      et une palme. . . . — 257
    93) *Circe*. . . . . — 257
    94) *Daphne*. . . . . — 257
    95) *Discor*. . . . . — 257
    96) *Athalanthe*. . . . — 257
    97) *Juno*. . . . . — 257
    98) *Procris*. . . . — 257
    99) *Scilia. C.* . . . — 257
    100) *Coronis* . . . . — 257
    101) *Ceres*. . . . . — 257
    102) *Feb*. . . . . — 257
    103) *Deucalion*. . . . — 257
104. Leda avec le cigne. . . — 257
105. Femme nue debout, tenant un
    vase. . . . . . — 257

106. Femme nue debout, tenant une coupe. . . . . . IX. p. 258

107-109. Trois déesses. Suite de trois planches. . . . . . — 258

    107) *Vennus.* . . . . — 258

    108) *Dianna.* . . . . — 258

    109) *Palas.* . . . . — 258

110. Vénus, Pallas et Junon. . — 258

111. Les Muses. *Novem Muse.* . — 259

112. Les Muses. *Die VIIII. Musae.* — 259

113-121. Les Muses. Suite de neuf estampes. . . . . . — 259

122. Une Bacchanale. . . . — 259

123. Autre Bacchanale. . . — 260

124. Autre Bacchanale. . . — 260

125. Pyrame et Thisbé. . . — 260

126. Femme dans un char traîné par des serpens. . . . . — 260

127. Orphée. . . · . . — 260

Sujets allégoriques.

128. Les quatre saisons. *Die 4 Zeit des Jars.* . . . . . — 261

129-132. Les quatre saisons. Suite de quatre estampes. . . . — 261

133-136. Les quatre · saisons. Suite de quatre estampes. . . . — 261

    133) Le printemps. . . . — 261

    134) L'Eté. . . . . . — 262

    135) L'Automne. . . . . — 262

    136) L'Hiver. . . . . — 262

137-148. Les douze mois. Suite de douze estampes. . . . — 263

149-155. Les planètes. Suite de sept estampes. . . . . . IX. p. 264

156-162. Les Planètes. Suite de sept estampes. . . . . . — 264

163-169. Les Planètes. Suite de sept estampes. . . . . . — 265

170-176. Les Planètes. Suite de sept estampes. . . . . — 265

177. Les Planètes. *Septem planetarum*. — 266

158-181. Les tempéramens. Suite de quatre estampes. . . — 266

182. Les sept arts libéraux. *Artes liberales*. . . . . — 267

183-189. Les sept arts libéraux. Suite de sept estampes. . . . — 26

190-196. Les sept arts libéraux. Suite de sept estampes. . . . — 268

197. Les Vertus. *Virtutes*. . . — 268

198. Les Vertus. *Die VIII. Tugent.* — 268

199-206. Les Vertus. Suite de huit estampes. . . . . — 269

207-214. Les Vertus. Suite de huit estampes. . . . . — 269

215. La fortune. . . . . — 270

216. Une femme nue, debout. *Ahaliba* etc. . . . . . — 270

217. La Renommée. . . . — 270

218-221. Différentes figures allégoriques de femmes. Suite de quatre estampes. . . . . . — 270

218) L'astrologie. . . . — 270

219) La paix. . . . . — 270

220) La connoissance de soi-même. — 270

221) Une femme ayant des chaînes aux mains. . . . . IX. p. 271
222. Le temps élevant la vérité. . — 271
223. Le triomphe de la musique. . — 271

Sujets de genre.

224-233. Suite de dix estampes, dont six offrent des gentil-hommes dansant avec des dames. . . — 271
234-245. Différens militaires. Suite de douze estampes. . . . . — 272
  234) Un capitaine à cheval. . — 272
  235) Un officier cuirassier. . . — 272
  236) Autre officier. . . . — 272
  237) Un porte-enseigne. . . — 272
  238) Un artilleur. . . — 273
  239) Un charpentier. . . . — 273
  240) Un officier hallebardier. . — 273
  241) Un arquebusier. . . . — 273
  242) Un hallebardier. . . . — 273
  243) Autre hallebardier. . . — 273
  244) Un tambour. . . — 273
  245) Un fifre. . . . . — 273
246-255. Différens soldats, suite de dix estampes. . . . . — 273
  246) Un soldat tenant une pique.
  247) Un fifre vu par le dos. . — 273
  248) Un porte-enseigne, vu par le dos. — 273
  249) Un capitaine. . . . — 274
  250) Un soldat marchant vers la droite. . . . . . — 274
  251) Une femme de soldat. . — 274
  252) Un tambour. . . . — 274
  253) Un hallebardier. . . — 274

254) Un soldat portant un espadon. IX. p. 274
255) Un capitaine à cheval. . — 274
256-259. Différens sujets. Suite de quatre estampes. . . . — 274
256) Quatre soldats à table, prenant querelles. . . . — 274
257) Plusieurs bateleurs faisant des tours de souplesse. . . — 275
258) Des yvrognes à table. . — 275
259) Trois musiciens à table près d'un homme qui fait des caresses à une courtisane. . — 275
260. Groupe de cinq militaires. . — 275
261. Treize soldats qui s'exercent dans le maniement de différentes armes. . . . . . — 276
262. Sept gladiateurs. . . . — 276
263. Onze gladiateurs. . . . — 276
264 Marche d'une troupe de soldats. — 276
265. Un bain, nommé la *société dès Anabaptistes*. . . . — 277
266. Le mari subjugué. . . . — 277
267. Une femme maltraitant un bouffon. . . . . . — 278
268. Un bouffon maltraitant une femme. . . . . . —. 278
269. Un bouffon maltraité par des bourdons et un chien. . . — 278
270. Des enfans célébrant la gloire des boudins. . . . . — 279
271. Des lièvres occupés à rôtir un chasseur et son chien. . . — 279
272. Un seigneur se promenant avec une dame. . . . . . — 279

273. Tête de village. . . . IX. p. 280
274-283. Les principaux royaumes de l'Europe. Suite de dix estampes. — 281
284-297. Les cantons de la Suisse. Suite de quatorze estampes. . . — 281
298. Un général à cheval, accompagné de dix soldats. 1542. . — 281
299. Le départ d'une troupe de soldats d'une ville. . . . — 281
300. Le pont des adultères. . . — 282
300. a. 351. Cartes à jouer. Suite de cinquante deux estampes. . . — 282
302-363. Différens sujets d'architecture. Suite de douze estampes. — 282
364. Sujet d'ouvrages de mines. . — 283
365. Autre sujet semblable. . . — 283

Chasses et sujets d'animaux.

366. Chasse à l'ours. . . . — 283
367. Chasse à l'ours et au sanglier. — 284
368. Chasse à l'ours. . . . — 284
369. Chasse à l'ours. . . . — 284
370. Chasse à l'ours. . . — 284
371. Chasse au sanglier. . . — 285
372. Chasse au sanglier. . . — 285
373. Chasse au sanglier et à l'ours. — 285
374. Chasse au sanglier. . . — 286
375. Chasse au cerf. . . — 286
376. Chasse au cerf et au lièvre. — 286
377. Chasse au cerf. . . . — 286
378. Chasse au cerf. . . . — 287
379. Chasse au lièvre. . . — 287
380. Chasse au lièvre. . . . — 287
381. Chasse au lièvre et au cerf . — 287

382. Chasse au sanglier et à l'ours.   IX. p. 287

383. Chasse au renard.   —   288

384. Chasse aux canards.   —   288

385. Chasse aux canards.   —   288

386. Chasse aux canards.   —   289

387. L'oisellerie.   —   289

388. Chasse à l'oiseau.   —   289

389. Différens animaux sauvages.   —   289

390. Deux taureaux qui se battent.   —   290

391. Différens animaux quadrupèdes.   —   290

392. Différens oiseaux.   —   290

393. Groupe de six chiens.   —   290

394-400. Différens oiseaux, amphibies et insectes. Suite de sept pièces.   —   290

401-406. Des animaux semblables. Suite de six estampes.   —   291

407. Trois papillons, un escargot, une grenouille etc.   —   291

Portraits et bustes.

408-427. Portraits des rois de France, depuis Pharamond jusqu'à Henri III. Suite de soixante deux pièces.   —   291

428. L'emp. Charles V. 1549.   —   292

429. Sigismond Auguste, roi de Pologne. 1554.   —   292

430. Auguste, duc de Saxe, et électeur. 1560.   —   293

431. Joachim Heller. 1549.   —   293

432. Jean Gemel, docteur.   —   293

433. Buste de vieillard. *Hek. Tro.*   —   294

434. Buste d'homme à grande barbe.   —   294

435. Buste d'une jeune femme. *Palis.*   —   294

436. Trois bustes de rois et de leurs
femmes. *Cares. Carol. Isabe.* etc.   IX. p. 295
437. Trois autres bustes de rois et de
reines. *V. Imp. Carl.* etc.   .   —   295
438. Trois bustes dans des médaill-
lons. *Romum et Romolus* etc.   —   295
439. Trois bustes dans des médaillons.   —   296
440. Trois autres bustes semblables.   —   296
441. Frise avec quatre bustes d'hom-
mes.   .   .   .   .   .   —   297
442. Autre frise avec quatre bustes.
Atho. Qu. Mauri. etc.   .   .   —   297
443. Quatre bustes. *Augus. Aur. Ve-
cin.* etc.   .   .   .   .   .   —   298
444. Quatre bustes dans des ronds.   —   298
445. Quatre bustes dans des médaill-
lons.   .   .   .   .   .   —   298
446. Frise avec six bustes. *Macrinus
Opitius* etc. 1540.   .   .   .   —   299
447. Six bustes. *Aurelia. Imp. Gor-
dianus* etc. 1540.   .   .   .   —   299
448. Six bustes. *Jüdea. Sofia. Egibt.*
etc.   .   .   .   .   .   .   —   300
449. Six bustes. *C. Clau. Isab.*   .   —   300
450. Six bustes. *Ma. zu Prandnp. I.*
etc.   .   .   .   .   .   .   —   300
451. Six bustes. *Rex Poloni. C. in Pol.*
etc.   .   .   .   .   .   .   —   300
452. Six bustes. *Rex. Polon. K. Po-
lonia* etc.   .   .   .   .   —   300
453. Six bustes. *Josef. Ester. Hector.*
etc.   .   .   .   .   .   .   —   301
454. Six bustes. *Datria O. Susa* etc.   —   301

XI. Vol.   R

455. Six bustes. *Falerio. Rodan, Filius* etc. . . . . . IX. p. 3o1

456. Six bustes. *Troianr. Pius. Josua* etc. . . . . . . — 3o1

457. Six bustes d'hommes et de femmes. 1541. . . . . — 3o1

458. Huit bustes de femmes. . . — 3o2

459. Huit bustes de jeunes femmes. — 3o2

460. Dix bustes d'hommes et de femmes. . . . . . — 3o3

461. Quatorze bustes dans des médaillons. . . . . . . — 3o3

462. Quatorze autres bustes. . . — 3o3

Desseins d'ouvrages d'orfévrerie.

463. Un lion rampant et deux bustes en trois médaillons. . . . — 3o4

464. Trois cerfs dans un médaillon. — 3o4

465. Un chamois, dans un médaillon. — 3o4

466. Frise offrant divers oiseaux. . — 3o5

467. Frise offrant des rinceaux d'ornemens, entremêlés d'oiseaux. . — 3o5

468. Frise offrant différens oiseaux. — 3o5

469. Frise semblable. . . . — 3o5

470. Frise au vase entre des rinceaux et d'animaux. . . — 3o6

471. Frise ornée de rinceaux entremêlés de vingt-deux oiseaux. . — 386

472. Frise semblable ornée de seize oiseaux. . . . . . — 3o6

473-493. Différens desseins d'ornemens d'orfévrerie. *Ellicher guter* etc. 1553. Suite de vingt et une pièces. . . . . . — 3o7

494-513. Différens desseins de pendans d'oreille, de boucles etc. Suite de vingt pièces. . . . IX. p. 3o7

Desseins de gobelets, d'aiguières et d'autres vases.

514. Une écuelle dont l'anse est un serpent à une tête de Satyre. . — 3o8
515. Aiguière ornée d'un mascaron. — 3o8
516. Aiguière à deux anses. . . — 3o9
517. Vase. *Jonico.* . . . — 3o9
518. Vase. *Toscan.* . . . — 3o9
519. Gobelet orné de deux petits dauphins. . . . . . — 3o9
520. Gobelet orné d'un masque placé sur un cartouche. . . — 3o9
521. Vase à la poignée ornée de deux têtes de lion. . . . — 3o9
522. Deux gobelets posés l'un à la renverse de l'autre. . . — 3io
523. Vase orné d'un Satyre assis sur une tête d'aigle. . . — 3io
524. Deux gobelets posés à la renverse l'un sur l'autre. . . — 3io
525. Un gobelet avec son couvercle qui est orné d'un aigle. . — 3io
526. Vase orné d'un grand escargot. — 3ii
527. Gobelet avec son couvercle. *Media.* . . . . . — 3ii
528. Vase orné d'un aigle et d'un mascaron. . . . . — 3ii
529. Vase à la tige ornée d'un mascaron entre deux aigles. . — 3ii
530. Vase orné d'une tortue entre deux lézards. . . . — 3ii

531-539. Différens desseins de vases.
Suite de *neuf?* pièces.   .   .   IX. p. 312
540-545. Autres desseins de vases.
Suite de *six?* pièces.   .   .   —   312
546. Poignard orné d'une femme à
trois têtes.   .   .   .   .   .   —   312
547. Poignard orné d'un mascaron.   —   312

Armoiries.

548. Ecu écartelé, à l'aigle, au pé-
lican etc.   .   .   .   .   .   —   312
549. Ecu écartelé, au lévrier, à
l'ours etc.   .   .   .   .   —   312
550. Ecu écartelé, au sanglier, au
renard etc.   .   .   .   .   .   —   313
551. Ecu écartelé, au singe, à la
panthère etc.   .   .   .   .   —   313
552. Un écu parti, à la licorne et
au chien etc.   .   .   .   .   —   313
553. Un écu tranché. L'un chargé
d'un griffon etc.   .   .   .   —   213
554. Huit écus sur une même planche.   —   314
555. Les armoiries d'André Imhof.
1555.   .   .   .   .   .   .   —   314
556. Un écu coupé etc. *Sola fides
justificat.*   .   .   .   .   .   —   314
557. Livre de blason. Suite de cinquante et une planches. 1555.   .   —   314
558. Frontispice de livre. *Biblia* etc.
1558.   .   .   .   .   .   .   —   315

Gravures en bois.

1. Figures de la bible. Suite de deux

cents seize pièces. *Biblische Figuren des alten Testaments* etc. Frankf. am Mayn. 1565. . . IX. p. 3ı6

2. Différens sujets de l'ancien et du nouveau testament. Suite de trente trois pièces. . . . . — 3ı7

3. Différens sujets de la bible. Suite de soixante sept pièces. *Die Propheten , all Teutsch. D. Mart. Luth. Francf.* 1570. *et das neue Testament. D. Mart. Luth.* 1570. — 3ı9

4. La passion de Jésus Christ. Suite de dix-huit pièces. . . . — 3ı9

   1) L'entrée de Jésus Christ dans Jérusalem. . . . . — 3ı9

   2) Jésus Christ au mont des olives. — 3ı9

   3) Jésus Christ conduit devant le grand-prêtre. . . . . — 3ı9

   4) Le grand-prêtre déchire ses habits. . . . . . — 3ı9

   5) La flagellation. . . . — 3ı9

   6) Le couronnement d'épines. . — 3ı9

   7) Jésus Christ présenté au peuple. — 3ı9

   8) Pilate se lave les mains. . — 3ı9

   9) Portement de croix. . . — 3ı9

   10) Jésus Christ attaché sur la croix par les juifs. . . — 3ı9

   11) Jésus Christ à la croix. . — 32o

   12) Les saintes femmes pleurant le corps de Jésus Christ. . — 32o

   13) La sépulture. . . . — 32o

   14) La résurrection. . . . — 32o

   15) Jésus Christ au milieu de ses disciples. . . . — 32o

262　　　　TABLE GÉNÉRALE.

16) L'ascension. . ; . IX. p. 320
17) Le pentecôte. . . . — 320
18) Le dernier jugement. . . — 320
5. La passion de Jésus Christ. Suite
　　de trente-sept pièces. . . — 320
6. La passion de Jésus Christ. Suite
　　de vingt-quatre pièces. . . — 320
7. Les métamorphoses d'Ovide. Suite
　　de soixante-dix-huit pièces. . — 320
8. Les fables d'Esope. Suite de cent
　　quatre-vingt quatorze pièces. . — 321
9. Nicolai Reusneri Emblemata. . — 323
10. Les Israélites adorant le serpent
　　d'airain. . . . . . — 323

324. V. W. . . . IX. 564

Gravure en bois.

1. Des traîneaux faisant une tour
　　sur une place publique. . . — 564

W.

325. Wenceslas d'Olmutz.

W. . . . . . VI. 317

I. Sujets pieux.

1. Loth et ses deux filles. . . — 319
2. L'annonciation. . . . — 320
3. La nativité. . . . . — 320
4-15. La passion de Jésus Christ.
　　Suite douze estampes. . . — 321
　4) Jésus Christ à la montagne
　　des oliviers. . . . . — 321

5) La prise de Jésus Christ. . VI. p. 321
6) Jésus Christ devant le grand-
   prêtre. . . . . — 322
7) La flagellation. . . . — 322
8) Le couronnement d'épines. . — 322
9) Jésus Christ devant Pilate. . — 323
10) Jésus Christ présenté au peuple. — 323
11) Le portement de croix. . — 323
12) Le crucifiement. . . . — 323
13) La sépulture. . . . — 324
14) La descente aux limbes. . — 324
15) La résurrection. . . — 324
16. La cène. . . . . . — 324
17. L'homme de douleurs. . . — 325
18. Le portement de croix. . . — 326
19. Jésus Christ à la croix. . — 327
20. La Vierge au perroquet. . — 327
21. La Vierge au singe. . . — 328
22. La mort de la Vierge. . . — 328
23. Le martyre de S. André. . — 329
24. S. Augustin. . . . . — 330
25. S. Barthélemy. . . . — 330
26. S. Christophe. . . . — 330
27. S. George. . . . — 331
28. S. Paul. . . . . — 331
29. S. Sébastien. . . . — 332
30. S. Sébastien. . . . . — 332
31-42. Les Apôtres, réprésentés debout. Suite de douze estampes. — 333
31) S. Pierre. . . . . — 333
32) S. André. . . . . — 333
33) S. Jacques le majeur. . . — 333
34) S. Jean. . . . . — 333

35) S. Philippe. . . . . VI. p. 333
36) S. Barthélemy. . . . — 333
37) S. Jacques le mineur. . . — 333
38) S. Matthieu. . . . — 333
39) S. Judas Thaddée. . . — 333
40) S. Simon. . . . . — 333
41) S. Thomas. . . . . — 333
42) S. Paul. . . . . — 334

Sujets profanes.

43. Le sauvage aux écussons d'armes. — 334
44. La femme à l'écusson d'armes. — 335
45. L'ange tenant un écusson d'armes. — 335
46. Le paysan et sa femme. . . — 335
47. La dame à cheval. . . . — 336
48. Les deux amants. . . . — 336
49. L'oisiveté. . . . . — 337
50. Le seigneur et la dame. . . — 337
51. Le groupe de quatre femmes. — 338
52. L'enlèvement d'Amymone. . — 339
53. L'effet de la jalousie. . . — 339
54. Partie supérieure d'un saint sa-
    crement. . . . . . — 340
55. Autre dessein semblable. . — 341
56. Autre dessein semblable. . . — 341
57. Autre dessein semblable. . . — 342

Pièce douteuse.

Une femme jouant du luth. . . — 343

326. W . . . . . IX. 53
    1. Le cavalier et le fantassin. . — 53

TABLE GÉNÉRALE. 265

327.   ⋆▵▵   .   .   .   .   VII. p. 455

Gravures en bois.

1. La Vierge immaculée. 1515.   .   —   455

328.   W ♀   .   .   .   .   .   VI.   56

1-12. Les Apôtres. Suite de douze
    estampes.   .   .   .   .   —   56
    1) S. Pierre.   .   .   .   .   —   57
    2) S. André.   .   .   .   .   —   57
    3) S. Jacques le majeur.   .   .   —   57
    4) S. Jean.   .   .   .   .   —   57
    5) S. Philippe.   .   .   .   —   57
    6) S. Barthélemy.   .   .   .   —   57
    7) S. Matthieu.   .   .   .   —   57
    8) S. Thomas.   .   .   .   .   —   57
    9) S. Jacques le mineur.   .   .   —   57
    10) S. Simon.   .   .   .   .   —   57
    11) S. Judas Thaddée.   .   .   —   58
    12) S. Paul.   .   .   .   .   —   58
13. La généalogie de la S. Vierge.   —   58
14. Le suaire et le nom de Jésus.   —   59
15. Trois têtes de mort.   .   .   —   59
16. Dessein d'un S. sacrement.   .   —   59
17. Dessein d'un S. sacrement.   .   —   60
18. Dessein d'une chapelle.   .   .   —   61
19. Dessein d'une crosse.   .   .   —   61
20. L'encensoir.   .   .   .   .   —   61
21. La fontaine.   .   .   .   .   —   62
22. Le vaisseau.   .   .   .   .   —   62
23. Rinceau d'ornemens.   .   .   —   62
24-31. Différens sujets militaires. Sui-
    te de huit estampes.   .   .   .   —   63

24) Une tente, à l'entrée de laquelle un soldat dort couché à
terre etc.   .   .   .   VI.   p. 63

25) Autre tente, servant d'écurie
à des chevaux etc.   .   .   —   63

26) Une division de cavallerie etc.   —   64

27) Le même sujet, avec peu de
différences etc.   .   .   .   —   64

28) Dix cavaliers armés de toutes pièces etc.   .   .   .   —   64

29) Le même sujet, traité différemment.   .   .   .   .   —   65

30) Dix-neuf soldats à pied en
deux rangées.   .   .   .   —   65

31) Le même sujet, traité différemment.   .   .   .   .   —   65

329.   Antoine de Worms.   .   .   .   .   VII.   488

Gravures en bois.

1. Adam et Eve. 1529.   .   .   —   489

2. Samson et Dalila.   .   .   —   489

3. David coupant la tête à Goliath.
1529.   .   .   .   .   .   —   489

4. L'adoration des mages. 1529.   .   —   489

5. Repos en Egypte. 1529.   .   .   —   490

6. Jésus Christ faisant approcher de
lui les petits enfans.   .   .   —   490

7. La passion de Jésus Christ. Suite
de treize estampes.   .   .   .   —   490

8. S. Jean l'évangéliste et S. Jacques.   —   490

TABLE GÉNÉRALE.   267

9. S. Barthélemy et S. Philippe. .   VII. p. 491

10. Des soldats jouant aux cartes. .   —   491

11. Jésus Christ à la croix, le sacrifice d'Abraham, et S. Jean
prêchant dans le désert. . .   —   491

330.   Pierre Weinher.   IX.   551

1. Jésus Christ devant Pilate. 1580.   —   551

2. Arc de triomphe avec le portement de croix. 1581. . .   —   552

3. Arc de triomphe offrant le crucifix.   —   553

4. Arc de triomphe offrant le Sauveur.   —   553

5. Portrait d'Albert duc de Bavière.   —   553

6. Autre portrait du même. 1579.   —   554

7. Autre portrait du même. 1573.   —   554

8. Portrait d'Ernest évêque de Frei-
singen. 1573. . . . .   —   555

9. Portrait de Guillaume duc de Bavière. 1573. . . . .   —   556

10. Portrait de Ferdinand duc de
Bavière. 1573. . . . .   —   556

11. Mausolée du duc Albert de Bavière. 1579. . . . .   —   557

12. Les armoiries de Bavière. 1573.   —   557

331.   W. . . . .   VIII.   18

1. L'enseigne. . . . .   —   18

332.   W, C, I, E, F. .   IX.   578

1. La Vierge. 1586. . . .   —   578

268 TABLE GÉNÈRALE.

333. XXB . . . . IX. p. 5oo

1. Le joueur de luth. 1569. . . — 5oo

334. W H. . . . VII. 485

Gravures en bois.

1. La nativité. . . . . — 485
2. L'adoration des mages. . . — 485
3. La circoncision. . . . — 485
4. La présentation au temple. . — 485
5. Jésus Christ à la croix. . . — 485
6. S. Christophe. . . . . — 485
7. S. George. . . . . . — 486
8. Le jugement de Paris. . . — 486
9. Pyrame et Thisbé. . . . — 486

335. WH Graveur en bois. IX. 42r

336. WXH . . . VI. 4oo

1-12. La passion de Jésus Christ. Suite de douze estampes. . . — 4oo
1) L'entrée à Jérusalem. . . — 4oo
2) La cène. . . . . — 4oo
3) Jésus Christ au mont des olives. — 4or
4) La prise de Jésus Christ. . — 4or
5) Jésus Christ devant le grand-
prêtre. . . . . . — 4or
6) La flagellation. . . . — 4or
7) Le couronnement d'épines. . — 4or
8) Le portement de croix. . . — 4or
9) Le crucifiement. . , . — 4or
10) La sépulture. . . . — 4or

11) La descente aux limbes. . VI. p. 402
12) La résurrection. . . . — 402
13-24. Les douze Apôtres. Suite de
douze estampes. . . . — 403
13) S. Pierre. . . . . — 403
14) S. André. . . . . — 403
15) S. Jacques le majeur. . . — 403
16) S. Jean. . . . . — 403
17) S. Philippe. . . . . — 403
18) S. Barthélemy. . . . — 403
19) S. Jacques le mineur. . . — 403
20) S. Matthieu. . . . . — 403
21) S. Judas Thaddée. . . — 403
22) S. Simon. . . . . — 404
23) S. Thomas. . . . . — 404
24) S. Paul. . . . . — 404
25. Quatre Saintes dans des for-
mes rondes. . . . . — 404
26. Les armoiries d'Eichstädt. . — 405

337. Ce numéro offre dans les planches des monogrammes un W surmonté d'un I. Mentionné. . VII. 470

338. W . . . . . IX. 53
1. Bacchus, Vénus et l'Amour. . — 53
2. Le concert. . . . . — 54
3. Les débauchés. . . . — 54
4. Vénus et l'Amour. . . — 55
5. Vignette à la Sirène. . . — 55
6. Vignette aux deux oiseaux. . — 55
7. Vignette à l'Amour. . . — 56
8. Vignette aux deux génies tenant
un mascaron. . . . . — 56

9. Vignette aux deux génies tenant
un buste. . . . . . IX. p. 56
10. Dessein d'une gaine. . . — 57

339. Marque d'un gra-
veur en bois qui se trouve sur
des pièces du maître au monogramme Nr. 287. . . . . IX. 168

340. . . . . VI. 316
1. S. Guillaume. . . . . — 316

341. . . . . . IX. 170

Gravure en bois.

1. Jeune femme ailée. . . . — 170

342. . . . . IX. 427

Gravures en bois.

1-12. Les douze Apôtres. Suite de
douze pièces. . . . . — 427

343. W. S. . . . IX. 396

Gravure en bois.

1. Vue de la ville de Landau. . — 396

344. W. S. . . IX. 574
1. S. Christophe. 1587. . . — 574
2. Portrait de M. Luther. . . — 574

345. Monogramme composé des lettres W et T. Mentionné. . . VII. 453

346. Deux W, séparés par une
pointe. Mentionné. . . . IX. 56r

347. **WW.** . . . . IX. 478
   1. Repos en Egypte. 1557. . . — 478

Weinher, Pierre. Voyez Nr. 330.
Wenceslas d'Olmutz. Voyez Nr. 325.
Worms, Antoine de. Voyez Nr. 329.

X.

348.   Graveur en bois. . IX. 422

Z.

349.   . . . . . IX. 56r

Gravure en bois.

   1. Joachim Beust. 1588. . . — 56r

Zündt (Mathias). . . IX. 530
   1. Portrait de Louis III de Bourbon-
     Condé. 1568. . . . . — 530
   2. Portrait de Jean de Raleta. 1566. — 53r
   3. Vue de la ville de Grodno. 1568. — 53r

Marques figurées.

350. 4   Mentionné.   .   .   .   VI.   p. 33

351.   .   .   .   .   .   VI.   53
   1. La femme tenant une bannière et
     un écusson d'armes.   .   .   —   53
   2. Une reine debout.   .   .   .   —   54
   3. Un lion tenant un drapeau et un
     écusson d'armes.   .   .   .   —   54
   4. La jeune licorne.   .   .   .   —   55
   5. Un cerf, un daguet et un aigle.   —   55
   6. Un six d'un jeu de cartes.   .   .   —   55

352.   Mentionné.   .   .   .   VI.   18

353.   .   .   .   .   VI.   397
   1. S. Jean l'évangéliste.   .   .   —   397

354. 1 5 19. George Erlinger.   .   .   .   VII.   471

       Gravure en bois.

   1. Une jeune femme et un vieillard.
     1519.   .   .   .   .   .   —   471

355.   .   .   .   .   IX.   427

       Gravures en bois.

   1. Les trois rois.   .   .   .   —   427
   2. S. Thomas.   .   .   .   —   428

356. Voyez Nr. 245.

357. Le maître à l'écrevisse. VII. p. 527

  1. L'annonciation. . . . . — 527
  2. La nativité. . . . . — 528
  3. La nativité. . . . . — 529
  4. La purification de la Vierge. . — 529
  5. Le Sauveur prenant congé de sa
    mère. . . . . . — 530
  6-19. La passion de Jésus Christ.
    Suite de quatorze estampes. . — 531
    6) La Cène. . . . . . — 531
    7) Jésus Christ au mont des olives. — 531
    8) La prise de Jésus Christ. . — 531
    9) Jésus Christ devant le grand-
      prêtre Anne. . . . . — 531
    10) J. C. outragé dans le prétoire. — 531
    11) La flagellation. . . . — 531
    12) Le couronnement d'épines. . — 531
    13) J. C. présenté au peuple. . — 531
    14) Le portement de croix. . — 531
    15) Le crucifiement. . . . — 531
    16) La descente de croix. . . — 531
    17) La sépulture. . . . — 532
    18) La descente aux limbes. . — 532
    19) La résurrection. . . . — 532
  20. La Vierge avec l'enfant Jésus. . — 532
  21. S. Grégoire célébrant la messe. — 533
  22. La tentation de S. Antoine. . — 533
  23. Lucrèce. . . . . . — 533
  24. Le tambour et le fifre. . . — 534

358. Le maître au caducée. VII. 516

Suejts pieux.

1. Judith. . . . . . VII. p. 517
2. Les trois rois. . . . . — 517
3. Le Sauveur. . . . . — 518
4. La S. famille. . . . . — 518
5. La S. famille. . . . . — 518
6. La S. Vierge. . . . . — 519
7. S. Jerôme. . . . . . — 519
8. S. Catherine. . . . . — 520
9. L'ange gardien. . . . . — 520

Sujets profanes.

Pièces en hauteur.

10. La fileuse. . . . . — 521
11. L'homme portant le berceau. . — 521
12 La femme au miroir. . . — 522
13. Le Satyre jouant du violon. . — 522
14. Le Satyre jouant de la cornemuse. — 522
15. Les deux vieillards qui lisent. . — 523
16. Le soleil et la lune. . . . — 523
17. Trois hommes nuds, attachés
    à un arbre. . . . . — 524
18. La victoire et la renommée. . — 524
19. Sacrifice de Priape. . . . — 525
20. Mars et Vénus. . . . . — 525

Pièces en largeur.

21. Sacrifice de Priape. . . . — 525
22. Le dieu marin. . . . — 526
23. La victoire. . . . . — 526
24. Le Triton et la Sirène. . — 526
359. Mentionné. 425

Fin du onzième volume.